AF619522

1939-1945
WORLD WAR TWO

AUTORE

Salvo Fagone nasce a Catania nel 1979, città in cui si è laureato in Informatica presso l'Università degli Studi di Catania. Da sempre studioso di storia antica e moderna, nel 2016 inizia una collaborazione con il DPAA, ente del ministero della difesa americana che si occupa della ricerca dei militari dispersi in guerra. Durante gli anni ha condotto ricerche presso gli archivi dell'AFHRA, a Maxwell AFB, in Alabama, del NARA di Washington DC, negli Stati Uniti d'America, ed ancora in Canada, presso gli archivi Library and Archives Canada (LAC), in Inghilterra, presso i The National Archives (TNA) a Kew, negli archivi francesi Le Service Historique de l'Armée de l'Air (SHAA), in quelli tedeschi dei Bundesarchiv e in quello neozelandese di Auckland. Ha scritto articoli per vari periodici nazionali ed internazionali. Nell'ottobre del 2019 ha pubblicato il suo primo lavoro, dal titolo "Ricognitori su Husky. Il ruolo cruciale della ricognizione aerea e dell'Intelligence Ultra sulla Sicilia e sul Mediterraneo. 1940-1943".

PUBLISHING'S NOTES

LICENSES COMMONS

For a complete list of Soldiershop titles please contact Luca Cristini Editore on our website: www.soldiershop.com or www.cristinieditore.com. E-mail: info@soldiershop.com

In copertina : Alcuni B-25 Mitchell hanno appena attaccato degli obiettivi nei pressi di Terni. I B-17 attaccarono la città l'11 e il 28 agosto, e il 21 ottobre 1943. L'ultimo bombardamento americano su Terni venne effettuato il 24 aprile 1944, ad opera degli aerei della Tactical Air Force.

Titolo: **LE BOMBE DELL'USAAF SULL'ITALIA** Code.: **WTW-029 IT** Di Salvo Fagone
ISBN code: 978-88-93278072 prima edizione Dicembre 2021
Lingua: Italiano Nr. di immagini: 111 dimensione: 177,8x254mm Cover & Art Design: Luca S. Cristini

WITNESS TO WAR (SOLDIERSHOP) is a trademark of Luca Cristini Editore, via Orio, 35/4 - 24050 Zanica (BG) ITALY.

WITNESS TO WAR

LE BOMBE DELL'USAAF SULL'ITALIA

PHOTOS & IMAGES FROM WORLD WARTIME ARCHIVES

SALVO FAGONE

INDICE

▲ Danni da bombardamento ad Ostiense, Roma.

INTRODUZIONE

Il testo che il lettore si appresta a leggere si propone una sintesi di quello che è stato l'apporto dell'aeronautica americana nell'amplio scenario del Mediterraneo, ma, soprattutto, in Italia, tra il 1942 e il 1944. La mattina del tragicamente noto 7 dicembre 1941, il Giappone attaccò Pearl Harbor, infliggendo ingenti danni e provocando una strage tra il personale militare e civile del piccolo avamposto americano nell'Oceano Pacifico. La mancanza di una formale dichiarazione di guerra da parte del paese nipponico agli Stati Uniti d'America provocò nell'opinione pubblica americana un senso di riprovazione e di odio verso di esso, per quello che il presidente Franklin Delano Roosevelt definì, nel suo discorso alla nazione, come il *Day of infamy* ("giorno dell'infamia"). L'11 dicembre del 1941, quattro giorni dopo l'attacco giapponese su Pearl Harbor, l'Italia e la Germania, fedeli al Patto Tripartito con il Giappone, dichiararono guerra agli Stati Uniti. Mussolini lo fece dal balcone di piazza Venezia, mentre Hitler fece consegnare all'ambasciatore americano a Berlino una sobria lettera. In essa, si ricordava agli Stati Uniti che essi avevano violato più volte lo stato di non belligeranza tra Washington e Berlino, e che più volte i mercantili erano stati sequestrati dalla marina militare americana, la quale si riteneva avesse, inoltre, l'ordine di sparare sulle navi militari tedesche. Da parte sua, Mussolini nel suo discorso ricordò che né l'Asse italo-tedesco né il Giappone avrebbero desiderato l'estensione del conflitto, accusando direttamente il presidente americano Roosevelt di aver perseguito la guerra mediante una serie di provocazioni.

Questi fatti segnarono per gli Stati Uniti una veloce corsa all'armamento, con l'industria bellica americana destinata in poco tempo ad una crescita più che esponenziale nella produzione di armi, navi da guerra e soprattutto aerei.

Agli inizi del 1942, l'aeronautica americana incrementò gradualmente la sua presenza nel bacino del Mediterraneo. In quest'area, fino ad allora la bilancia del conflitto era rimasta sempre in bilico tra le forze dell'Asse e quelle Britanniche e del Commonwealth. L'innovazione tecnologica e la potenza di fuoco messa in atto dall'industria bellica statunitense fece sì che rapidamente anche le sorti del conflitto nel Mediterraneo cambiassero radicalmente a favore delle potenze Alleate. Una potenza di fuoco inaudita si scagliò dapprima sulle città dell'Italia meridionale e, nel corso del 1943, su tutto il territorio nazionale, portando alla caduta del regime fascista, poi all'armistizio e successivamente alla dichiarazione di guerra dell'Italia alla stessa Germania. In poco meno di tre anni, la forza militare Alleata era dunque riuscita a conquistare gran parte del territorio italiano, raggiungendo la capitale, Roma il 4 giugno del 1944

L'Autore

GLI AMERICANI NEL MEDITERRANEO

All'inizio del Secondo Conflitto Mondiale, il teatro di guerra mediorientale rappresentava un'area in quel momento di esclusiva responsabilità britannica. Il ruolo iniziale dell'allora United States Army Air Corps (USAAC) si limitava esclusivamente alla fornitura di armi e alla cooperazione con le loro controparti britanniche mediante l'«accordo reciproco». Gli osservatori dell'Army Air Corps arrivarono al Cairo solo nel novembre 1940 per studiare le operazioni della Royal Air Force, attraversarono il Mediterraneo ed osservarono i combattimenti sul fronte Greco-Albanese. Sebbene la posizione degli Stati Uniti d'America in quel momento fosse neutrale, il programma «Lend-Lease Act»[1] del presidente americano Franklin Delano Roosevelt forniva agli inglesi, e non solo, aerei e armamenti, oltre agli istruttori e ai supervisori necessari per assemblare, mantenere e revisionare velivoli e attrezzature fabbricate negli Stati Uniti. Una delegazione delle compagnie aeree americane aveva anche monitorato da vicino i combattimenti nel deserto occidentale, che egli stessi definirono come un prezioso banco di prova per i loro futuri progetti aeronautici. Il campo di battaglia nordafricano fornì anche preziose informazioni sugli aspetti della difesa antiaerea, dall'approvvigionamento alle comunicazioni e al coordinamento tra le forze di terra, aeree e navali. Il 21 giugno 1941, l'USAAC fu ufficialmente posta sotto un nuovo comando centralizzato noto, come United States Army Air Forces (USAAF), che comprendeva circa 6.000 aerei, 9.078 ufficiali e 143.563 soldati. Il giorno seguente Hitler invase l'Unione Sovietica. Nonostante l'incapacità della Wehrmacht di sconfiggere rapidamente l'Armata Rossa di Joseph Stalin, si spinse comunque in profondità nel territorio russo. A novembre la situazione sembrava critica, con la Crimea destinata a cadere. Il pericolo di un collasso sovietico avrebbe avuto gravi ripercussioni in Medio Oriente, con una possibile spinta tedesca per impadronirsi dei cospicui giacimenti petroliferi dell'Iran e dell'Iraq. In concomitanza con il contrattacco dell'Armata Rossa intorno a Mosca, il Giappone effettuò il 7 dicembre 1941 l'attacco a sorpresa sul porto americano di Pearl Harbor, costringendo di fatto gli Stati Uniti a dichiarare guerra al Giappone. Tre giorni dopo sia la Germania che l'Italia dichiararono guerra agli Stati Uniti come Alleati del Giappone. A Washington venne deciso che gli Stati Uniti avrebbero combattuto congiuntamente agli inglesi contro le tre potenze dell'Asse (Germania, Italia e Giappone). Agli inizi del 1942, gli U-Boot tedeschi affondarono indiscriminatamente navi mercantili al largo della costa orientale dell'America e nei Caraibi. Le fortune Alleate non furono migliori in Estremo Oriente, sotto l'implacabile avanzata giapponese. Gli inglesi persero Hong Kong (e presto sarebbe toccato anche a Singapore), mentre e gli Stati Uniti lottavano per tenere le Filippine. In Europa, l'Unione Sovietica combatteva una serie di aspre offensive invernali contro le forze tedesche, ora ferme alle porte di Mosca. In Nordafrica, l'offensiva a sorpresa del Field Marshall Erwin Rommel del 1942 portò una rinnovata minaccia per l'Egitto. La Desert Air Force britannica era stata rafforzata con l'ar-

1 La legge degli affitti e prestiti (in inglese Lend-Lease Act) fu una misura legislativa che permise agli Stati Uniti di fornire a Regno Unito, Unione Sovietica, Francia, Cina e altri paesi alleati grandi quantità di materiali bellici senza esigere l'immediato pagamento durante la Seconda Guerra Mondiale, tra il 1941 e il 1945. Nel periodo precedente, infatti, le esportazioni di materiali bellici dagli Stati Uniti erano soggette alle norme delle Leggi di Neutralità del 1937 e del 1939 che richiedevano obbligatoriamente il pagamento alla consegna ed il trasporto su naviglio mercantile del compratore (il cosiddetto «Cash & Carry»). Il programma ebbe inizio nel marzo 1941, ossia nove mesi prima dell'attacco a Pearl Harbor, e terminò con la Resa del Giappone il 2 settembre 1945.

rivo di caccia statunitensi e bombardieri medi e pesanti originariamente destinati all'India, all'Australia, alla Russia e all'Estremo Oriente. Washington decise di impegnare nove gruppi di combattimento nel Nordafrica, sette dei quali sarebbero stati operativi entro la fine dell'anno. Nel giugno 1942, ventitré bombardieri Consolidated B-24 Liberator, al comando del Colonel Harry A. Halverson, furono dirottati nel Mediterraneo dopo uno scalo in Africa, originariamente destinati alla 10th Air Force in Cina. Nella notte tra l'11 e il 12 giugno tredici di questi bombardieri «HALPRO» decollarono dalla base RAF di Fayd, in Egitto, per sferrare un attacco alle raffinerie di Hitler in Romania, bombardando il grande complesso di Ploieşti.[2] Il raid, che segnò l'inizio di una concertata presenza americana nel Mediterraneo, fu anche la prima missione di combattimento statunitense contro la forza tedesca in Europa. Il 15 giugno seguì un attacco congiunto con la RAF contro la forza navale italiana, che si trovava in navigazione per intercettare un convoglio di rifornimenti Alleati diretti a Malta, in quella che passò alla storia come l'Operation Vigorous. L'esito complessivo dell'attacco fu il danneggiamento della nave da battaglia italiana *Littorio* e l'affondamento dell'incrociatore *Trento,* in quella che viene comunemente ricordata come la *Battaglia di mezzo giugno.*[3]

Il 21 giugno 1942 a seguito della battaglia di Ain el-Gazala avvenne la riconquista della fortezza di Tobruk da parte dell'esercito dall'Asse. Il nuovo scenario bellico spinse con una certa urgenza Roosevelt a trasferire ulteriori armamenti in Medio Oriente. Il Major General Lewis H. Brereton, comandante della 10th Air Force in India, ricevette l'ordine di inviare il maggior numero possibile di aerei per assistere le forze britanniche che si stavano ritirando in Egitto. Nove bombardieri Boeing B-17 Flying Fortress, vennero presto inviati sul nuovo fronte di guerra. Brereton arrivò al Cairo il 25 giugno 1942, insieme a 225 tra ufficiali di stato maggiore, piloti e meccanici. Mentre Brereton si adoperava per costituire la 9th Air Force, arrivarono tre dei nove gruppi promessi per il Medio Oriente: il 57th Fighter Group, dotato di Curtiss P-40, il 12th Bombardment Group (Medium), con cinquantasette North American B-25 Mitchell e il 98th Bombardment Group (Heavy) con i suoi trentotto Consolidated B-24 Liberator. Il 28 giugno l'United States Army Middle East Air Force venne attivata sotto la guida di Brereton. Due giorni dopo i suoi bombardieri iniziarono a colpire le estese linee di rifornimento del Field Marshal Erwin Rommel. Ad eccezione degli Squadron di B-17 e B-24, gli aerei di Brereton vennero assegnati alla Western Desert Air Force (WDAF) britannica, sotto il comando dell'Air Vice Marshal Sir Arthur Coningham. La sera del 23 ottobre 1942, il General Bernard L. Montgomery (comandante dell'Ottava Armata britannica) lanciò un'operazione che passò alla storia come la seconda battaglia di El-Alamein.

2 HALPRO, o il Distaccamento Halverson, era un gruppo di 23 Consolidate B-24 Liberator originariamente destinati alla 10th Air Force nel teatro delle operazioni in Cina, Birmania e India. Sotto il comando del Colonel Harry Halverson, il distaccamento era stato originariamente assegnato per condurre incursioni nelle Isole Nazionali giapponesi; il distaccamento doveva volare dalla Florida alla Cina attraverso l'Africa, ma l'offensiva giapponese a Chekiang, in Cina, nel maggio 1942, interruppe questo piano. Questa formazione di bombardieri fu quindi incaricata di distruggere gli impianti petroliferi tedeschi a sostegno degli inglesi in Nordafrica. HALPRO partì dagli Stati Uniti il 22 maggio 1942, volando per l'Egitto attraverso il Sudan. L'11 giugno 1942, 13 HALPRO B-24 effettuarono il primo attacco USAAF in Europa, quando bombardarono le raffinerie di petrolio a Ploiesti, in Romania; sebbene il raid ebbe scarso impatto, dimostrò il concetto che il bombardiere pesante poteva effettuare attacchi a lungo raggio contro obiettivi ben difesi.
Il distaccamento HALPRO alla fine rimase nel teatro Mediterraneo: il 17 luglio 1942, fu rinominato Hal Bomb Squadron, e successivamente formò il 376th Bombardment Group nell'ottobre 1942.

3 Con la Battaglia di mezzo giugno si indicano una serie di scontri aeronavali che avvennero fra il 12 e il 16 giugno 1942, nel Mediterraneo centrale e orientale durante la Seconda Guerra Mondiale. I combattimenti, che si inquadrano nella più ampia battaglia del Mediterraneo, videro le forze aeree e navali di Italia e Germania contrastare due operazioni di rifornimento dell'isola di Malta condotte dalla Royal Navy britannica; con un netto successo per le forze dell'Asse.

Preceduta da un pesante fuoco di sbarramento d'artiglieria di quattro ore, la battaglia che ne seguì fu combattuta principalmente a terra con ostinati duelli tra i panzer tedeschi e carri armati britannici. Le forze Alleate e i bombardieri medi colpirono le posizioni della fanteria italo-tedesca, i carri armati e le linee di rifornimento, mantenendo anche una costante pressione sugli aeroporti della Luftwaffe e della Regia Aeronautica. I P-40 del 57th Fighter Group abbatterono ventinove aerei nemici mentre i B-25 Mitchell contribuirono a interrompere due contrattacchi. La battaglia cruciale per l'Egitto era di fatto terminata il 4 novembre 1942, con Rommel e le truppe dell'Asse in piena ritirata. La 9th Air Force USAAF, appena operativa, cominciò ad attaccare obiettivi in Libia e nella Tunisia orientale. La potenza aerea americana nel frattempo continuava a crescere. Alla fine del 1942 erano arrivati 370 velivoli destinati alla 9th Air Force, principalmente P-40, B-24 Liberator e B-25 Mitchell, oltre a più di cinquanta Douglas C-47 Dakota da trasporto.

▲ Una stazione ferroviaria nei pressi del comune di Cisterna di Latina.

DALL'OPERAZIONE TORCH ALLA CADUTA DELLA TUNISIA

Appena rientrato dalla sua missione a Mosca, il Primo Ministro britannico Sir Winston Churchill, aveva iniziato a premere sugli americani onde accelerare al massimo i preparativi per l'invasione del Nordafrica Francese.

Il 26 agosto 1942, dopo un soddisfacente incontro con i comandanti americani in Gran Bretagna, il premier britannico aveva trionfalmente telegrafato a Roosevelt scrivendo: «D'ora in poi concentrerò i miei pensieri su Torch [Operazione] e lei può stare certo che farò del mio meglio perché la sua grande idea strategica sia coronata dai colloqui avuti con Eisenhower, Clark ed i nostri generali, qui a Londra; mi sembra che la migliore soluzione, anzi, l'unica, per realizzare questo consiste nel fissare la data per l'inizio e subordinare ogni cosa a quella data».[4]

L'Operazione Torch, come concordato, avrebbe permesso la conquista del Nordafrica francese di Vichy, intrappolando il Field Marshal Erwin Rommel tra le truppe statunitensi a ovest e le truppe britanniche a est. La pianificazione prevedeva una serie di sbarchi anfibi sotto il comando del Major General Dwight D. Eisenhower, che coinvolgessero principalmente truppe statunitensi.

L'operazione avrebbe avuto luogo l'8 novembre 1942 sulla costa atlantica del Marocco, e sulla costa algerina vicino ad Algeri e Orano. Questa sarebbe stata la prima grande invasione Alleata della guerra contro le forze dell'Asse e, in definitiva, quello che ne sarebbe scaturito: la prima grande vittoria per la coalizione Alleata. Nelle prime ore dell'8 novembre 1942, tre task force Alleate, comandate da Eisenhower, iniziarono il loro primo assalto combinato contro le posizioni francesi di Vichy attraverso l'Africa nord-occidentale. La task force occidentale, guidata dal Major General George S. Patton con truppe statunitensi, sbarcò a Casablanca (nel Marocco centro-occidentale), incontrando inizialmente una forte resistenza. A est, la task force centrale del Major General Lloyd Fredendall si avvicinò a Orano (nel nord-ovest dell'Algeria). Dopo aver preso il porto, i paracadutisti catturarono gli aeroporti di vitale importanza di La Sénia e Tafaraoui. La Task Force orientale, che comprendeva principalmente truppe britanniche sotto il comando del Major General Charles Ryder, sbarcò ad Algeri e si impadronì dell'importante aeroporto di Maison Blanche. Eisenhower ordinò alle unità aviotrasportate britanniche e americane di catturare anche gli aeroporti algerini a Bône e Youks-les-Bains, vicino al confine tunisino.

Il 9 novembre, il giorno dopo l'invasione, le truppe tedesche cominciarono ad arrivare in Tunisia dall'Italia. Entro la fine del mese, formazioni di aerei da trasporto Junkers Ju 52/3m avevano trasportato più di 15.000 uomini. Via mare arrivarono mezzi pesanti e altri 2.000 uomini nei principali porti tunisini di Biserta e Tunisi. Il 14 novembre, il General Walther Nehring prese rapidamente il comando della neoformata 5. Panzerarmee. Il trasferimento di 155 aerei verso la Tunisia aumentò la forza tedesca in Nordafrica, Sicilia e Sardegna, con quasi 700 aerei da combattimento entro la fine di dicembre.[5]

4 Roosevelt – Churchill, Carteggio segreto di guerra, Mondadori, Milano, 1977, p. 279.

5 Eduard Mark, Center for Air Force History, Aerial Interdiction: Air Power and the Land Battle in Three American Wars, Washington D.C.,1994, p. 24.

Alla fine di novembre, le forze di terra Alleate al comando del Lieutenant General Kenneth Anderson erano a soli sedici miglia a ovest della capitale tunisina. Il 28 novembre 1942 le due parti si scontrarono. Formazioni tedesche esperte, al comando del General Hans-Jurgen von Arnim, ingaggiarono con le truppe di Eisenhower un duro combattimento, che costrinse gli americani ad indietreggiare di una ventina di miglia a ovest. Nel frattempo, sul fronte aereo, i velivoli della Luftwaffe e della Regia Aeronautica provenienti dagli aeroporti della Sardegna, Sicilia e Tunisia avevano rafforzato la loro presenza, dando del filo da torcere all'aviazione Alleata. Il netto peggioramento delle condizioni climatiche nel dicembre 1942 costrinse a malincuore Eisenhower a mettersi sulla linea difensiva, affidandosi alla protezione aerea della 12th Air Force del Major General James H. Doolittle, attivata il 20 agosto 1942.

Queste nuove forze aeree, una volta sistemate e messe al sicuro le basi nordafricane, completarono il trasferimento dei reparti provenienti dal Regno Unito. La 12th Air Force avrebbe schierato in questo nuovo scenario oltre 1.000 aerei da combattimento, di cui: 400 caccia a corto raggio d'azione P-39 Airacobra, P-40 e Spitfire, 240 caccia a lunga autonomia P-38 Lightning, 70 bombardieri pesanti B-17 Flying Fortress, 228 medi B-25 Mitchell e B-26 Marauder, 72 bombardieri leggeri A-20 Havoc, Douglas DB-7 e cacciabombardieri A-36A Invader, più 156 aerei da trasporto truppe, attrezzati per il lancio di paracadutisti.

L'Eastern Air Command britannico si sarebbe invece disposto sulle basi algerine con un totale di 454 aerei, di cui 234 caccia e 220 fra bombardieri leggeri, bombardieri medi e ricognitori: ovvero una forza pari a circa un terzo di quella americana.

I piani originali per l'Operazione Torch prevedevano la nomina di un comandante generale dell'aviazione Alleata, sebbene Eisenhower si fosse pronunciato contro un'aeronautica di coalizione. Di conseguenza, per tutto novembre e dicembre 1942 i piloti statunitensi e britannici furono impegnati in battaglie separate, principalmente a sostegno delle rispettive forze di terra. Questa impostazione, che si dimostrò però inefficace, fu risolta soltanto alla fine del 1942, quando Eisenhower e i suoi alti ufficiali consolidarono le risorse aeree Alleate in un'unica organizzazione, il Mediterranean Air Command (MAC), sotto il comando del Air Vice Marshall Arthur Tedder. Quest'ultimo era ora in grado di dirigere gli aerei della coalizione dove riteneva più necessario.

Il 4 dicembre 1942, venti Consolidate B-24 Liberator del 98th Bombardment Group, 9th Air Force, attaccarono le installazioni portuali di Napoli. I grossi quadrimotori americani provenienti dalle base aerea di Kabrit e Fayid, in Egitto, avevano in stiva grossi ordigni da 1.000 e 2.000 lb del tipo da demolizione. Per le forze americane fu il primo attacco diretto sul territorio di una nazione dell'Asse; l'incursione durò soltanto pochi minuti, cogliendo la popolazione e le difese del porto nella sorpresa più totale. Gli inglesi bombardavano da anni i maggiori porti dell'Italia meridionale, ma lo facevano prevalentemente di notte utilizzando i bombardieri Vickers Wellington che operavano anche da Malta. I piloti americani avevano impiegato più di 12 ore in volo nell'azione, che venne definita come un grande successo e senza alcuna perdita di velivoli. La zona del porto venne devastata, comprese le vicine abitazioni; un incrociatore della Regia Marina ormeggiate all'interno del perimetro portuale venne quasi affondato. Il bollettino di guerra n. 924 diramato il 5 dicembre riportò 159 morti e 358 feriti. L'Italia ebbe appena il tempo di capire che gli enormi aerei quadrimotori che avevano attaccato Napoli fossero di nazionalità americana, che l'11 dello stesso mese una nuova formazione di B-24 del 98th e 376th Bombardment Group bombardò il

porto di Napoli. La formazione senza caccia di scorta, guidata dal Colonel McGuire, scaricò sui moli del porto di Napoli 35 bombe da 1.000 lb. La città partenopea non venne risparmiata dai Liberator nemmeno il 24 dicembre, nonostante fosse la Vigilia di Natale; in questa incursione venne coinvolta anche Taranto.
Alla fine di gennaio 1943, con una nuova offensiva tedesca sul terreno nordafricano, le truppe di Eisenhower affrontarono una rinnovata prova di forza. A gennaio l'aereonautica americana focalizzò la sua attenzione sui principali porti del sud Italia, da dove tra l'altro partivano i rifornimenti per le truppe dell'Asse in Nordafrica. Il 7 gennaio Palermo venne pesantemente bombardata dai B-24 Liberator. L'11 fu ancora la volta di Napoli, sulla quale piovvero 40 bombe da 1.000 lb. Questa volta i bombardieri subirono due gravi perdite, tra i quali anche il velivolo del capo formazione, il Lieutenant Colonel Payne. L'abbattimento dei due Liberator precipitati a largo del golfo di Salerno venne reclamato dai piloti dei Macchi MC.202 del 22° Gruppo C.T. della Regia Aeronautica.
Un'altra incursione sulla città partenopea seguì il 26 dello stesso mese. Nella notte tra il 23 ed il 24 gennaio, dopo aver bombardato Tripoli, Tunisi e Creta, fecero il loro ritorno in Sicilia i B-24 Liberator del 98th Bombardment Group attaccando Palermo. Il mese, che terminò con l'attacco di Messina da parte dei grossi quadrimotori americani, delineò un quadro delle azioni ben più ampio di quello nordafricano, facendo delle città e dei porti del sud Italia tappa prediletta per i bombardieri pesanti statunitensi.
Mentre il 13 febbraio i bombardieri della 9th Air Force attaccavano l'aeroporto di Crotone e vari obiettivi intorno all'area di Napoli, in Nordafrica da metà febbraio era in atto una seconda spinta tedesca; questa volta Rommel portava a termine un'importante vittoria contro il II Corps americano nei pressi del Kasserine Pass. Diversi giorni dopo, tuttavia, un contrattacco Alleato rovesciò le sorti tedesche e contribuì a sigillare il destino dell'Asse in Nordafrica. Eisenhower era critico nei confronti delle unità aeree statunitensi formate e addestrate frettolosamente. Come esempio di incompetenza aerea citò una missione di bombardamento operata dai B-17 contro le truppe nemiche a Kasserine Pass. La missione si era dimostrata un completo fallimento: i bombardieri si erano persi durante la rotta di navigazione, e avevano scaricarono le loro bombe a più di 100 miglia dal bersaglio.
Anche da questo episodio scaturì una nuova riorganizzazione della forza aerea Alleata, che portò alla formazione delle North African Air Force (NAAF), una componente del Comando Aereo Alleato del Mediterraneo (MAC), sotto la guida del Lieutenant General Carl A. Spaatz. L'andamento altalenante della Campagna d'Africa, spinse Eisenhower a intraprendere un'ulteriore riorganizzazione interna, con la formazione della Northwest African Tactical Air Force (NATAF) sotto la guida dell'Air Vice Marshal Sir Arthur Coningham, e la Northwest African Strategic Air Force (NASAF) sotto la guida del Major General James H. Doolittle, l'eroe di Tokio. L'aviazione tattica Alleata fu immediatamente trasformata introducendo la filosofia di Coningham, il quale proponeva di distruggere prima la Luftwaffe e solo successivamente di isolare il campo di battaglia; una dottrina ben collaudata in combattimento, e usata dagli inglesi sia a El-Alamein che successivamente, nell'inseguimento di Rommel attraverso il deserto. A Eisenhower e agli alti ufficiali Alleati riunitisi il 16 febbraio 1943, Coningham aveva sottolineato che «l'esercito ha una battaglia da combattere, la battaglia di terra. L'Air [Force] ne ha due. Deve prima di tutto battere il nemico in aria: che possa entrare in battaglia contro le forze di terra nemiche con la massima potenza possibile!». Un miglioramento del tempo nel marzo 1943 permise al numero crescente di aerei Alleati di

andare in volo, colpendo obiettivi strategici e tattici.
Da quando era iniziato il conflitto, oltre ai porti (ormai presi costantemente di mira) anche gli aeroporti della Sardegna e della Sicilia occidentale, per via della loro posizione geografica, avevano offerto il modo più veloce e sicuro per raggiungere le coste del Nordafrica. Il 17 febbraio più di 40 B-17 Flying Fortress attaccarono l'aeroporto sardo di Elmas, con i B-25 Mitchell e i B-26 Marauder destinati su quelli di Villacidro e Decimomannu. L'indomani i bombardamenti vennero reiterati e coinvolsero anche Elmas e Cagliari.
I B-17 Flying Fortress del 301st Bombardment Group della NASAF battezzarono la Sicilia il 22 marzo, bombardando Palermo con ben 72 tonnellate di bombe. I danni furono ingenti e le vittime ammontarono a 38 morti e 184 feriti.
Il 24 marzo, i B-24 del IX Bomber Command bombardarono Messina tra le ore 14.00 e le ore 17.00. I diciannove B-24 Liberator del 98th Bombardment Group, guidati dal Captain J. R. Muehlberg, scaricarono sul porto 55 tonnellate di ordigni.
Oltre al traffico mercantile marittimo, che era ormai impossibilitato a muoversi nel Mediterraneo centrale, sia la Regia Aeronautica (con i grossi aerei da trasporto tra i quali i Fiat G.12 e i Savoia-Marchetti SM.82 dei Servizi Aerei Speciali (SAS)) che la Luftwaffe (con gli Junkers Ju52/3m e i Messerschmitt Me 323 Gigant) garantivano il sostegno alle truppe italo-tedesche sul fronte nordafricano. Negli aeroporti di Castelvetrano, Trapani Milo, e Trapani Chinisia, sostavano di continuo i cosiddetti Gigant, gli aerei da trasporto più grandi della Luftwaffe, capaci di trasportare fino a 130 passeggeri. Secondo le stime effettuate dagli Alleati, 8 Messerschmitt Me 323 effettuavano un viaggio al giorno verso la Tunisia, trasportando fino a 455 tonnellate di materiale bellico, per un totale settimanale di circa 3.200 tonnellate. Si stima che per sostenere le forze italo-tedesche in Tunisia servissero minimo 40.000 tonnellate di rifornimenti al mese.
L'aeroporto di Castelvetrano fu uno degli scali principali: nel periodo dal 26 febbraio al 7 marzo, i voli degli Ju 52/3m provenienti da esso, e diretti verso i vari aeroporti della Tunisia, furono 54; di questi, l'Intelligence Section Alleata accertò che 23 trasportavano carburante e i restanti 31 munizioni per l'Afrikakorps. I bombardieri B-17 della NASAF attaccarono gli aeroporti di Castelvetrano e Trapano Milo il 13 aprile.
Il 16 aprile una pesante incursione si abbatté sulla città etnea. Quella portata a termine dai B-24 Liberator su Catania fu una vera e propria strage tra i civili; gli ordigni investirono in pieno il centro cittadino, causando la morte di 146 persone e il ferimento di 291, con danni gravissimi alla città. Altri pesanti attacchi vennero reiterati sugli stessi obiettivi il 17 e il 18 aprile.
Il 26 aprile, ventisette B-17 del 97th Bombardment Group bombardarono l'aeroporto di Grosseto, mentre un'imponente formazione composta da settanta B-24 Liberator attaccò l'aeroporto di Bari con ordigni da 20 e 500 lb. Il bombardamento di Grosseto, avvenuto il lunedì di Pasqua, rimase impresso nell'opinione pubblica italiana, non tanto per gli ordigni lanciati sulle strutture militari dell'aeroporto, ma per quelli che colpirono il luna park in un giorno di festa. Il martirio dei bimbi di Grosseto venne cavalcato dalla propaganda fascista, definendola barbarie Alleata. Il 29 aprile «La Stampa» scrisse in merito alla «selvaggia incursione» che «i morti tra la popolazione civile a Grosseto in seguito alla recente incursione nemica erano saliti come risulta da ulteriori accertamenti a 145 e i feriti a 268, di cui 100 con ferite di bassa entità. Le vittime, in gran parte donne e bambini, furono mitragliate a volo quasi radente nel centro e nelle vie dell'abitato...»

OBIETTIVO SICILIA

Tra il 14 e il 24 gennaio 1943 si era svolta a Casablanca, in Marocco, una conferenza interalleata, nel corso della quale i capi politici e militari britannici e americani, guidati da Churchill e Roosevelt, avevano concordato il piano delle future operazioni. Lo Stato Maggiore americano aveva spinto per uno sbarco in Francia, per sferrare un attacco diretto alla Germania; quello britannico, invece, riteneva troppo forte la presenza di truppe germaniche sul territorio francese e temeva una disfatta.
Gli obiettivi strategici erano il dominio completo del Mediterraneo, l'uscita dalla guerra dell'Italia e l'immobilizzazione di notevoli aliquote di forze tedesche, alcune delle quali sarebbero dovute giungere proprio dalla Francia. Alla fine del lungo dibattito venne stabilito che il primo passo in Europa sarebbe stato compiuto in Sicilia.
Quando le restanti forze dell'Asse in Tunisia si arresero, il 13 maggio 1943, le potenze Alleate si prepararono ad attaccare il «ventre molle della Fortezza Europa», seguendo la vivida espressione del Primo Ministro britannico, Sir Winston Churchill.
A Churchill, uscito vincitore nella Battaglia d'Inghilterra, non erano di certo piaciute a suo tempo le parole espresse dalla stampa italiana di regime in merito al bombardamento effettuato dalla Luftwaffe sulla città inglese di Coventry il 14 novembre 1940, e l'8 e il 10 aprile 1941, che causarono complessivamente la morte di 1.236 persone innocenti.
L'idea inglese era quella di colpire le risorse del nemico dovunque si trovassero. Il rischio, altrimenti, era che quelle stesse risorse sarebbero state utilizzate contro di loro.
Le due isole di Lampedusa e Pantelleria sono i più lontani avamposti italiani, più vicini all'Africa e sentinelle dell'Italia. Proprio per questo motivo era obbligatorio conquistarle prima di ogni altre.
Tutta la potenza aerea degli Alleati si focalizzò dunque sulle isole minori della Sicilia. Iniziò così la fase preparatoria dell'Operazione Corkscrew, che culminò con l'occupazione dell'isola di Pantelleria.
Già il 9 maggio, nella fase preparatoria, il General Eisenhower aveva stabilito di impiegare sulla Sicilia i bombardieri pesanti della NASAF (Northwest African Strategic Air Force) ed i caccia e cacciabombardieri della NATAF (Northwest African Tactical Air Force). L'aviazione della Royal Air Force a Malta avrebbe dovuto fornire un indiretto appoggio alle operazioni, scortando i bombardieri diretti ad attaccare le basi aeree siciliane. Il comandante delle forze aeree strategiche nel Mediterraneo, il General James H. Doolittle, divenuto molto popolare per l'audace incursione aerea su Tokyo dell'aprile 1942, completò i suoi preparativi schierando nell'area di Constantine, Souk-El-Arba e Djedeida gran parte delle forze aeree disponibili.
Il comandante delle forze aeree tattiche, l'Air Vice Marshal Arthur Coningham, aveva invece spostato sui campi della penisola di Capo Bon i bombardieri medi e leggeri. Complessivamente, all'inizio delle operazioni contro Pantelleria, NATAF e NASAF insieme schieravano 1.017 aerei in piena efficienza bellica, sostenuti a tergo da un congruo numero di aerei di riserva. Dato il ridotto raggio d'azione dei numerosi monomotori da appoggio tattico, il XII Air Support Command (ASC), gerarchicamente dipendente dalla NATAF, fra il 20 maggio ed il 4 giugno decentrò i suoi reparti sui campi della penisola di Capo Bon più prossimi alla

zona d'impiego. Oltre che dalla citata forza d'attacco, l'operazione era supportata indirettamente da un insieme di reparti aerei, comprendenti i bombardieri del Middle East e del Coastal Air Command, i quali raggiungevano un totale di 3.395 aerei. Per conquistare l'isola di Pantelleria, Eisenhower scelse la 1ª Divisione di fanteria britannica, che aveva ricevuto un training sulla guerra anfibia in Inghilterra, ma non era stata selezionata per l'invasione della Sicilia.
La prima settimana di maggio registrò il rush finale Alleato della Campagna d'Africa. L'1, il 4 e il 6 i B-24 Liberator avevano attaccato Reggio Calabria, ed il 4 anche Taranto.
Paradossalmente, mercoledì 5 maggio Benito Mussolini aveva annunciato, durante quello che sarebbe stato l'ultimo discorso della sua vita pronunciato dal balcone di palazzo Venezia, la «suprema certezza della vittoria» come riportò il titolo di un articolo apparso in quegli stessi giorni nel «Corriere della Sera». In quello che sarà l'ultimo discorso della sua vita.
Il 9 maggio, Palermo venne messa a ferro e fuoco da un'ondata di bombardamenti intensi e senza sosta: di giorno un totale di 122 Fortezze Volanti B-17, 89 B-25 Mitchell e B-26 Marauder e, nella notte, 23 Vickers Wellington della RAF, avevano complessivamente scaricato sul capoluogo siciliano 485 tonnellate di ordigni.
All'alba dell'11, la 9th Air Force USAAF inviò da diversi aeroporti della Libia 48 bombardieri pesanti B-24 Liberator, 26 del 98th e 22 del 376th Bombardment Group, con al seguito una nutrita scorta di 47 Spitfire della RAF provenienti da Malta. L'obiettivo principale del bombardamento divenne il porto di Catania, dove i bombardieri scaricarono in varie ondate da una quota tra i 22.000 ed i 25.000 piedi (a seconda della posizione all'interno della combat box), 230 bombe da 500 lb, e 60 bombe incendiarie da 4 lb, per un totale di 113 tonnellate circa di ordigni. Il devastante bombardamento causò la morte di 216 persone e il ferimento di 303, gran parte civili. Il venerdì 14 maggio, 46 B-17 Flying Fortress del 2nd e 99th Bombardment Group si spinsero fino a Civitavecchia, a nord di Roma, distruggendo diverse imbarcazioni; mentre 36 B-26 Marauder del 320th Bombardment Group attaccarono Porto Ponte Romano in Sardegna.
Il 20 maggio le Fortezze Volanti arrivarono fino a Grosseto, bombardando l'aeroporto. Il 21, una formazione di 21 B-24 Liberator del 376th Bombardment Group attaccarono Villa San Giovanni e altri 24 B-24 del 98th Bombardment Group si diressero su Reggio Calabria. Incursioni vennero compiute su quasi tutta l'Italia Meridionale e sulla Sardegna. In Sicilia una violenta ondata di bombardamenti coinvolse gli aeroporti di Castelvetrano e Sciacca, a cui parteciparono poco meno di 100 B-17.
Il 28, mentre la 9th Air Force bombardava in due distinte missioni il complesso aeroportuale di Foggia ed il porto di Augusta, in Sicilia, le 93 Fortezze Volanti del 2nd, 97th, 99th e 301st Bombardment Group raggiunsero nelle ore centrali della giornata il porto di Livorno, sul quale lanciarono più di 1.000 ordigni da 500 lb.
Il mese si chiuse con il bombardamento del complesso aeroportuale di Foggia da parte di 96 B-17 del 5th Bomb Wing.
L'1giugno Pantelleria venne attaccata da 19 B-17 Flying Fortress del 97th Bombardment Group USAAF, scortati da 28 P-38 Lightning dell'82nd FG, di cui 12 armati con una bomba da 1.000 lb.
L'11 giugno segnò la caduta dell'isola di Pantelleria; la NATAF aveva effettuato un totale di 728 sortite in 63 missioni contro di essa, e 154 sortite in 14 missioni contro Lampedusa. In

tutto, quasi 1.100 aerei avevano partecipato all'assalto finale, lanciando 1.571 tonnellate di bombe, per un totale, per il periodo che va dall'1 al 10 giugno, di 4.844 tonnellate di ordigni, distribuite in 3.647 sortite. Dall'8 maggio all'11 giugno Pantelleria aveva subito da parte della NAAF un totale di 5.285 effettive sortite, a discapito, per le forze Alleate, di 16 velivoli danneggiati e 14 persi in azione, per un totale di 6.200 tonnellate di ordigni lanciati.

FORZA AEREA ASSEGNATA AI GRUPPI DELL' USAAF	
Bombardieri pesanti	48 velivoli in 4 Squadron di 12 aerei
Bombardieri medi	57 velivoli in 4 Squadron di 13 aerei, più 5 del Headquarters
Bombardieri leggeri	57 velivoli in 4 Squadron di 13 aerei, più 5 del Headquarters
Cacciabombardieri	57 velivoli in 4 Squadron di 13 aerei, più 5 del Headquarters
Caccia	75 velivoli in 3 Squadron da 25 aerei
Trasporto truppe	52 velivoli in 4 Squadron di 13 aerei

Northwest African Air Forces
Lieutenant General Carl Spaatz
June 1, 1943

Northwest African Strategic Air Force (NASAF)
Major General James Doolittle
USAAF 2nd, 97th, 99th, & 301st Bombardment Groups (B-17)
USAAF 310th & 321st Bombardment Groups (B-25)
USAAF 17th, 319th, & 320th Bombardment Groups (B-26)
USAAF 1st, 14th, & 82nd Fighter Groups (P-38)
USAAF 325th Fighter Group (P-40)
RAF 4 Wings (Wellington)

Northwest African Tactical Air Force (NATAF)
Acting Air Marshal Sir Arthur Coningham

Tactical Bomber Force
Air Commodore Laurence Sinclair
USAAF 47th Bombardment Group (A-20)
*USAAF 12th & 340th Bombardment Groups (B-25)
RAF 2 Tactical Reconnaissance Squadrons
RAF 2 Wings
SAAF 1 Wing

XII Air Support Command
Major General Edwin House
USAAF 33rd & *324th Fighter Groups (P-40)
USAAF 31st Fighter Group (Spitfire)
USAAF 27th & 86th Fighter Groups (A-36)
USAAF 111th Observation Squadron

Western Desert Air Force
Air Vice-Marshal Harry Broadhurst
*USAAF 57th & 79th Fighter Groups (P-40)
RAF Fighter Wings (Spitfire)
SAAF Fighter Wing (Spitfire)

*9th Air Force Groups

Northwest African Coastal Air Force (NACAF)
Air Vice-Marshal Sir Hugh Lloyd
USAAF 81st & 350th Fighter Groups (P-39)
USAAF 52nd Fighter Group (Spitfire)
RAF 3 Wings & Other Units
RN Fleet Air Arm Squadrons
Two Air Defense Commands
USAAF 1st & 2nd Antisubmarine Squadrons

Northwest African Troop Carrier Command (NATCC)
Brigadier General Paul Williams
USAAF 51st Wing (C-47)
60th, 62nd, & 64th Groups
USAAF 62nd Wing (C-47)
61st, 313th, 314th, & *316th Groups
RAF No. 38 Wing

Northwest African Training Command (NATC)
Brigadier General John Cannon
Three replacement battalions
USAAF 68th Observation Group
Miscellaneous training units

Northwest African Air Service Command (NAASC)
Major General Delmar Dunton

Northwest African Photographic Reconnaissance Wing (NAPRW)
Colonel Elliott Roosevelt
USAAF 3rd Photographic Group
SAAF No. 60 Squadron
RAF No. 682 Squadron
French 2/33 Squadron

▲ Il Consolidate B-24 Liberator s/n 41-11593 "Black Maria II", uno dei 23 B-24 della formazione originaria di HALPRO. Passato al 376th Bombardment Group, gli venne assegnata la Radio Call Letter (RCL) #18. Pilotato dal Lieutenant Colonel John H. Payne partecipò alla prima missione HALPRO del 12 giugno 1942 sulle raffinerie di petrolio di Ploiesti, in Romania. Operò missioni su Tobruk, Bengasi, Creta e prese parte alla seconda missione HALPRO contro la flotta italiana del 15 giugno 1942.

▼ Il B-24D s/n 41-11591 "Lorraine" RCL #45, appartenente al 513th Bombardment Squadron, 376th Bombardment Group. Anch'esso della formazione originaria di HALPRO. Pilotato dal Major Norman Appold, partecipò al primo raid americano su Napoli del 4 dicembre 1942, e a quello di Palermo del 7 gennaio 1943. L'ultima missione sull'Italia venne effettuata il 16 settembre 1943 su Potenza.

▲ Armieri agganciano delle bombe sulle ali di un Curtiss P-40K della 9th Air Force, in Nordafrica. Il velivolo appartiene al 64th Fighter Squadron, del 57th Fighter Group. Notare la colorazione desertica e lo Scorpione identificativo dello Squadron.

▼ Il General James Harold Doolittle, detto Jimmy. Fu l'ideatore e il leader della formazione aerea nell'incursione su Tokyo, avvenuta il 18 aprile 1942, e passata alla storia come il raid di Doolittle. Questo fu il primo attacco aereo che gli Stati Uniti d'America condussero sul suolo giapponese durante la Seconda Guerra Mondiale. I sedici bombardieri dell'USAAF, i North American B-25 Mitchell, decollarono dal ponte della portaerei USS Hornet della United States Navy. Il bombardamento fu organizzato come risposta all'attacco giapponese di Pearl Harbor del 7 dicembre 1941 ed ebbe più un valore morale che tattico o strategico.

▲ Foto del bombardamento del porto di Napoli dell'11 dicembre 1942 ad opera dei Consolidate B-24 Liberator della 9th Air Force. In quell'occasione uno dei bombardieri appartenente al 98th BG venne abbattuto dalla contraerea.

▼ Il bombardiere tedesco Dornier Do 17Z 3U+FU della Zerstörergeschwader 26 (ZG26), trovato dagli americani il 26 gennaio 1943 presso l'aeroporto di Castel Benito, in Libia.

▲ Il Consolidate B-24D Liberator s/n 42-40654 "Kate Smith" appartenente al 345th Bombardment Squadron, 98th Bombardment Group, in riparazione dopo un atterraggio fuori campo.

▼ Bombardamento del porto e della stazione ferroviaria di Messina. Il primo bombardamento americano della città avvenne il 26 gennaio 1943 ad opera dei bombardieri B-24 Liberator della 9th Air Force. Il 17 agosto 1943 la città venne conquistata dalle truppe Alleate, decretando la fine della campagna di Sicilia.

▲ Meccanici a lavoro su uno dei quattro motori radiali Wright R-1820-97 "Cyclone" con turbocompressore, del Boeing B-17F Flying Fortress s/n 42-5346 "The Reluctant Dragon", qui appartenente al 97th BG, probabilmente a Chateaudun-du-Rhumel, in Algeria.

▼ Bombe sganciate sulla città di Palermo nell'attacco del 22 marzo 1943, ad opera dei 24 B-17 del 301st Bombardment Group. Fu il primo bombardamento da parte della Northwest African Strategic Air Force (NASAF) sull'isola.

▲ La chiesa di San Pietro a piazza Castello, a Palermo, distrutta dai bombardamenti Alleati.

▲ L'Air Vice-Marshal Sir Arthur Tedder, comandante in capo del Mediterranean Air Command (a sinistra) accende una sigaretta al Major General Carl Spaatz, comandante delle forze aeree della Northwest African Air Forces (NAAF). Dietro di loro una mappa del teatro delle operazioni nel Mediterraneo centrale.

▲ Foto aerea dell'aeroporto di Castelvetrano, scattata il 2 febbraio 1943 da uno Spitfire PR del 683 Squadron RAF. Sull'aeroporto sono ben visibili le sagome di molti grossi aerei da trasporto. I primi B-17 della NASAF bombardarono l'aeroporto solo il 13 aprile 1943, in piena Operazione Flax.

▲ In primo piano, un grosso ordigno da 2.000 libbre viene fatto rotolare da due militari. In secondo piano il B-24D s/n 41-11636 "Wash's Tub", anch'esso uno dei bombardieri di HALPRO. Inizialmente trasferito al 98th Bombardment Group, venne successivamente assegnato al 376th Bombardment Group. Prese parte alla missione a basso livello sulle raffinerie di Ploiesti, in Romania. Durante i 15 mesi in Medio Oriente effettuò 73 missioni, sganciando 219 tonnellate di bombe, volando per 551 ore e 100.000 miglia in scenari di guerra ed abbattendo 22 aerei da caccia nemici.

▼ Da sinistra: il Major General Carl Spaatz, il Colonel Elliot Roosevelt e il General Alexander, insieme ad altri ufficiali, analizzano le foto scattate dalla ricognizione aerea Alleata in vista di nuove operazioni. Il Colonel Elliot Roosevelt, figlio del presidente degli Stati Uniti d'America, era a capo del Northwest African Photographic Reconnaissance Wing (NAPRW).

▲ Immagine del bombardamento di Augusta (SR), avvenuto il 13 maggio 1943 ad opera di 28 B-24 Liberator del 376th Bombardment Group, guidati in quell'occasione dal Colonel Keith K. Compton in persona. Da notare sulla destra i numerosi idrovolanti al gavitello. Un primo bilancio delle vittime dell'incursione aerea fu di 19 morti e 41 feriti.

▼ Il bombardamento della città di Cagliari del 13 maggio 1943. Qui l'attacco effettuato dai B-17 del 414th BS, 97th BG. Un primo bilancio delle vittime fu di 10 morti e 56 feriti, come riportato dal Bollettino n. 1.084 del 14 maggio 1943.

▲ Alcuni edifici distrutti dai bombardamenti Alleati su Cagliari. Il 13 maggio 1943 la 12th Air Force attaccò con particolare intensità la base degli idrovolanti e il porto di Cagliari. Quel giorno, una forza di 96 B-25 e 107 B-17 lanciarono sulla città più di 400 tonnellate di ordigni.

▼ Il bombardamento dell'aeroporto di Alghero, in Sardegna, da parte dei Martin B-26 Marauder della NASAF avvenuto il 24 maggio 1943. Da notare i tanti velivoli nelle aree decentrate.

▲ Bombardamento dell'aeroporto di Grottaglie del 4 giugno 1943, da parte di 46 B-24 Liberator del 98th e 376th BG.

▼ L'aeroporto di Comiso, bombardato alle ore 13.22 del 17 giugno 1943 da 23 B-24 del 376th BG. I quadrimotori americani lanciarono su di esso circa 62 tonnellate di ordigni esplosivi. I danni alle strutture aeroportuali furono ingenti, con 4 caccia Messerschmitt Bf 109 distrutti e 3 gravemente danneggiati, tutti appartenenti al Jagdgeschwader 53 "Pik As" della Luftwaffe.

▲ Il Martin B-26B Marauder s/n 41-17724 "Rabbit/ Red Hot" pilotato dal 1st Lieutenant John B. Stumm del 444th BS, 320th BG. Il 15 giugno 1943 venne seriamente danneggiato dalla Flak dopo aver bombardato l'aeroporto di Trapani Milo, in Sicilia; fu dunque costretto ad effettuare un atterraggio di emergenza in Nordafrica.

▼ Bombardamento dell'aeroporto di Gerbini del 13 giugno 1943. La missione venne effettuata da 24 B-24 del 376th BG, che lanciarono sulla pista quasi 55 tonnellate di bombe. In fase di rientro, la formazione venne intercettata dai caccia dell'Asse che inflissero loro due perdite.

▲ Una fotocamera del tipo Fairchild K-20. Era una fotocamera aerea tra le più leggere e maneggevoli in dotazione all'aeronautica americana durante la Seconda Guerra Mondiale, particolarmente adatta a scattare rapidamente immagini oblique.

▲ La città di Catania bombardata l'11 luglio 1943. Durante la giornata 73 B-17 della NASAF vi scaricarono quasi 200 tonnellate di bombe da 500 libbre. L'incursione fece 28 morti e 75 feriti.

▼ L'equipaggio del B-17F s/n 41-24346 "Avenger", appartenente al 419th BS, 301st BG. Qui vengono interrogati dopo il raid su Napoli del 4 aprile 1943. Il bombardiere passò poi al 348th BS, 99th BG ed operò dalla base di Tortorella, in Italia.

▲ Il S/Sgt. Benjamin F. Warmer, di San Francisco, California. Tiene in mano una mitragliatrice Browning M2, nella sua posizione di Waist gunner su un B-17F del 99th BG. Warmer si rese protagonista dell'incursione aerea su Gerbini del 5 luglio 1943, quando da solo riuscì ad abbattere ben 7 velivoli dell'Asse.

▲ Paracadutisti del 505th Parachute Infantry Regiment, dell'82nd Airborne Division si imbarcano sul Douglas C-47-DL s/n 41-18341 "Lady from Hades" del 61st Troop Carrier Squadron, 64th Troop Carrier Group. I paracadutisti americani giocheranno una parte importante, prima in Sicilia il 10 luglio 1943 nell'Operazione Husky, e successivamente in Italia meridionale con l'Operazione Avalanche.

▼ Tre piloti del 1st Fighter Group, qui ritratti in Nordafrica davanti al Lockheed P-38G Lightning s/n 42-13010. Da sinistra a destra: 2nd Lieutenant Howard A. Gilliam (MIA), 1st Lieutenant Leonard P. Stephan, 2nd Lieutenant Harold C. Lentz. Gilliam venne abbattuto nei pressi di Caltagirone (CT) il 10 luglio 1943 dalla Flak della divisione tedesca Hermann Göring.

L'INVASIONE DELL'ITALIA

Il piano di attacco per l'Operazione Husky era stato elaborato dal General Harold Alexander il 2 maggio precedente, durante una conferenza indetta dal General Eisenhower ad Algeri. Ci sarebbero state due zone di sbarco. La zona di competenza della Settima Armata americana, ai comandi del General George Patton, sarebbe andata da Licata a Scoglitti, per una lunghezza di un'ottantina di chilometri. Sarebbero sbarcate inizialmente tre Divisioni e altre unità minori, precedute dal lancio di paracadutisti che avrebbero dovuto impadronirsi di alcune posizioni chiave della difesa. La zona di competenza dell'Ottava Armata britannica, comandata dal General Bernard L. Montgomery, sarebbe stata quella che dal golfo di Noto si estende fino a Punta Castelluzzo (ad ovest di Capo Passero) per oltre 50 chilometri; in quest'area sarebbero sbarcate quattro Divisioni di fanteria, due Brigate corazzate e altre unità minori.

Il 2 luglio 91 B-24 Liberator bombardarono gli aeroporti di Lecce, Grottaglie e San Pancrazio Salentino, perdendo ben 4 bombardieri; i B-25 Mitchell saturarono di bombe l'aeroporto di Sciacca, mentre i P-40 ingaggiarono combattimenti in quota con i cacciatori della Regia Aeronautica e della Luftwaffe.

Tra il 14 maggio e il 3 luglio la Luftwaffe incrementò il numero dei suoi aerei nel teatro Mediterraneo da 820 a 1.280. Ma la forza delle squadriglie con base in Sicilia e nell'Italia meridionale salì solo da 615 a 635, la maggior parte dei rinforzi andò in Sardegna, Grecia e nord Italia. Il 5 luglio le forze aeree dell'Africa nordoccidentale disponevano, al contrario, di 4.920 velivoli (esclusi gli alianti). Circa 2.900 di questi erano aerei da caccia e bombardieri.[6]

La forza distruttiva dei bombardieri della NAAF era stata in grado di distruggere qualsiasi cosa negli aeroporti e nelle piste in terra battuta dell'isola. Il 5 luglio, le forze dell'aria Alleate si erano scontrate con un'imponente formazione di circa 100 caccia italo-tedeschi nell'area di Gerbini. Tre B-17 vennero persi in azione; essi appartenevano alla prima formazione del 99th Bombardment Group, che riuscì comunque a sganciare 3.240 bombe a frammentazione, distruggendo a terra circa 28 aerei da caccia. Nel corso della giornata altre formazioni si alternarono a ondate successive sugli stessi obiettivi. Tutte le forze aeree della Luftwaffe (con i Jagdgeschwader 53 e 77), e la Regia Aeronautica (soprattutto con gli uomini del 4° Stormo C.T. del Cavallino Rampante) avevano opposto una tenace resistenza, pagando un caro prezzo in termine di vite e di mezzi.

Dopo lo sbarco Alleato, e gli scontri iniziali nell'area di Gela con la Divisione corazzata tedesca Hermann Göring e la Divisione di fanteria Livorno, nel giro di poco tempo si erano consolidate le posizioni anglo-americane sulle teste di ponte, e l'aviazione italo-tedesca, dopo alcuni iniziali tentativi si dimostrava ormai incapace di interferire seriamente con l'avanzata di terra Alleata.

Il 12 luglio dopo aver respinto il contrattacco da parte del Gruppo tedesco Schmalz e della Divisione italiana Napoli, il XIII Corps britannico del General Sir Miles Christopher Dempsey conquistò Augusta, che assieme a Siracusa rappresentava una piazza marittima di grande importanza operativa per Eisenhower, poiché questi porti dovevano servire come base logistica per lo sbarco di numerosi mezzi e truppe che avrebbero dato linfa alle opera-

6 Eduard Mark, op. cit., p. 58.

zioni in corso sul versante orientale dell'isola.
Il 14 luglio, la veloce avanzata delle truppe di terra in Sicilia aveva permesso la conquista di sei aeroporti, i quali vennero rapidamente messi in condizione di operare. Una settimana dopo lo sbarco, erano già diciotto e mezzo gli Squadron della NAAF, di cui sette e mezzo appartenenti all'USAAF, ad operare dalle piste aeree di Pachino, Comiso, Biscari Santo Pietro (Caltagirone), Gela Ponte Olivo, Gela Farello e Licata.
Nello stesso giorno i B-17, B-25 e B-26 si presentarono su Messina, Enna, Marsala e Randazzo, con gli A-36A Invader e i P-38 Lightning che attaccarono numerosi target di opportunità nell'isola. Era stato comunque definito un obiettivo strategico a ben più ampio raggio, ed era quello di interrompere il flusso dei rifornimenti per le truppe italo-tedesche attraverso le stazioni ferroviarie e i porti del sud Italia, focalizzando l'attenzione su quelli di Napoli, Villa San Giovanni e Messina. Il 15 luglio una formazione di B-24 attaccò Villa San Giovanni danneggiando gravemente le infrastrutture e distruggendo la maggior parte dei binari. Nel pomeriggio dello stesso giorno 72 B-17 del 5th Bombardment Wing attaccarono Napoli perdendo un B-17.
Per prevenire l'arrivo di ulteriori forze aeree italo-tedesche da altre basi in Italia o dall'Europa, i bombardieri aumentarono la pressione sugli aeroporti del centro Italia. I B-24 Liberator della 9th Air Force provenienti dalle basi in Cirenaica bombardarono gli aeroporti di Foggia il 15, e di Bari il 16, perdendo qui ben 3 B-24; i B-25 e i B-26 della NASAF invece, colpirono l'aeroporto di Vibo Valentia. La cittadina di Randazzo, alle pendici dell'Etna, venne colpita il 15 dagli A-20 Boston e B-25 della NATAF.
Così, mentre la prima settimana della campagna di Sicilia volgeva al termine, le forze di terra Alleate avevano occupato circa un terzo dell'isola, e le forze avevano efficacemente neutralizzato la resistenza dell'aria. Durante questo periodo, la Northwest African Tactical Air Force (NATAF) effettuò 7.036 missioni con i caccia e cacciabombardieri e 768 sortite di bombardieri, 510 delle quali contro posizioni e linee nemiche di approvvigionamento. L'ala strategica effettuò 1.720 sortite con i bombardieri, di cui 1.031 contro posizioni e linee di comunicazione e 827 sortite volate dagli aerei da caccia. Anche i velivoli della Northwest African Coastal Air Force vennero intensamente impiegati in 1.562 sortite, quattro quinti delle quali erano di scorta ai convogli. Il totale per tutti gli elementi fu di 12.715 sortite. Il peso delle bombe sganciate arrivò a 4.530 tonnellate.
Alle ore 14.30 del 17 luglio, settantasette B-24 Liberator della 9th Air Force colpirono lo scalo ferroviario di Napoli. Circa un'ora dopo giunsero sugli stessi obiettivi 49 B-17 della NASAF; alle 16.00 in punto vi si presentarono ben 107 B-26 Marauder scortati da 98 P-38. Infine, altri 48 B-17 e 72 B-25, scortati da 67 P-38, attaccarono vari obiettivi intorno alla città partenopea. Anche se gli americani lasciarono sul campo alcuni B-26 e un B-24, in tutto avevano lanciato 868 tonnellate circa di bombe, in quello che fu il più grande raid aereo americano dell'estate.
Nell'estate del 1943 gli scrupoli che avevano frenato il Primo Ministro britannico Churchill e il suo Ministro degli Esteri Eden dal bombardare la città di Roma erano venuti meno, e gli Alleati decisero di avviare un'azione punitiva e dimostrativa su vasta scala.[7] Già Eisenhower, al momento dell'invasione della Sicilia, aveva detto chiaramente che si stava sbarcando su

7 Anthony Eden fu ministro degli Esteri britannico per diversi mandati, e poi dal 1955 al 1957 divenne Primo Ministro.

una terra ricca di testimonianze storiche e architettoniche, ma aveva anche aggiunto che nessun monumento valeva la vita di un solo soldato.
Il 19 luglio venne effettuato il primo bombardamento di Roma, che ebbe inizio alle ore 11.03 e terminò alle ore 13.35, ed avvenne in due fasi: la prima, dalle 11.03 alle 12.10, sugli scali ferroviari del Littorio e di San Lorenzo come obiettivi primari; la seconda dalle 12.12 alle 13.35 sugli aeroporti del Littorio e di Ciampino. Le formazioni dei quadrimotori B-17 Flying Fortress e B-24 Liberator, e dei bimotori B-25 Mitchell e B-26 Marauder della 9th e 12th Air Force, giunsero su Roma da due direttrici: da nord-ovest, entrando dal mare tra Civitavecchia e Ladispoli virando sulla destra verso la città, e da Nettuno, penetrando sulla costa a sud della città e proseguendo dritte su Ciampino. Così facendo venne favorito il lavoro dei puntatori che si ritrovarono tutti gli obiettivi allineati sullo stesso asse leggermente trasversale: la zona del Littorio sulla Salaria, il quartiere Tiburtino-San Lorenzo, l'area aeroportuale di Ciampino sull'Appia.
Su Roma, nella tarda mattinata, si avvicendarono quattro gruppi di Fortezze Volanti B-17 del 5th Bombardment Wing della NASAF, e i gruppi di B-24 Liberator della 9th Air Force; in tutto 156 B-17 Flying Fortress della 12th e 117 B-24 Liberator della 9th Air Force decollati dalla Tunisia, dall'Algeria e dalla Libia. I 273 quadrimotori per un'ora e venti minuti martellarono il nodo ferroviario sulla Salaria e quello della stazione di San Lorenzo; uno Squadron di Fortezze Volanti del 99th Bombardment Group prese di mira anche lo scalo Tiburtino, a Portonaccio.
Poco prima di mezzogiorno giunsero anche i 117 B-26 Marauder e i 144 B-25 Mitchell, bombardieri medi bimotore che attaccarono gli aeroporti del Littorio e di Ciampino. Nell'insieme i bombardieri della 12th Air Force costituivano una consistente flotta aerea, la più potente che sia stata mai messa insieme su una sola città in Italia. A scortare i bombardieri c'erano i caccia bi-coda P-38 Lightning, che nell'intervallo tra le varie ondate scesero a bassa quota per mitragliare soprattutto i grandi slarghi, come i piazzali del Verano, largo Preneste e piazzale Prenestino.
In poco più di due ore d'apocalisse su Roma vennero sganciate 1.060 tonnellate di esplosivo, qualcosa come 4.000 fra bombe dirompenti e spezzoni incendiari: fu la maggiore incursione effettuata fino a quel momento sull'Italia anche come tonnellaggio lanciato.[8]
Carl Spaatz, a capo della NAAF, affermò che «la missione del 19 luglio su Roma era stata un monumento alla precisione del metodo americano del bombardamento»[9], aggiungendo inoltre che «era stato assai poco interessante dal punto di vista della forza aerea, perché era stato troppo facile».[10]
Nel frattempo in Sicilia la linea del fronte si era spostata intorno al vulcano Etna, dove le forze italo-tedesche avevano disposto sulle alture le artiglierie della XIV Panzerkorps. La lotta nell'area di Catania si faceva dura, con l'Ottava Armata di Montgomery in serie difficoltà nella zona del fiume Simeto a pochi passi da Catania. Il perdurare della situazione di stallo portò «la volpe del deserto» a puntare con le sue Divisioni verso l'entroterra, lasciando per il momento arenata la possibilità di conquistare la città etnea nel breve tempo. I prin-

8 Il tragico record passerà meno di un mese dopo a Milano, dove la notte del 13 agosto i Lancaster e gli Halifax della RAF sganceranno 1.904 tonnellate di bombe e altre 1.534 tonnellate due notti dopo.
9 The History of the Twelfth Air Force, Pantelleria, Sicily, p. 120 (AFHRA A-6202).
10 Craven Wesley Frank e Cate James Lea, The Army Air Force in World War II, The University of Chicago Press, 1949, p. 463.

cipali centri di comunicazione che formavano come un cerchio intorno all'Etna, tra i quali i più importanti erano Catania, Randazzo, Troina, Adrano, Acireale e Fiumefreddo, divennero i nuovi obiettivi degli aerei della NATAF; ad essi si aggiunsero sul versante tirrenico anche Barcellona Pozzo di Gotto e Milazzo. Quest'ultima verrà bombardata il 25 luglio dai i B-25 Mitchell e dai P-40.

Durante la serata del 22 luglio, la Settima Armata americana entrò a Palermo. La conquista del capoluogo siciliano segnò un chiaro cambio di passo nella battaglia di Sicilia. Su invito di Montgomery, Patton raggiunse Siracusa in aereo, per discutere della strategia comune da adottare, in vista della fase finale delle operazioni in Sicilia. Patton aveva già stabilito che per raggiungere Messina, la sua Armata avrebbe dovuto seguire due strade, entrambe a nord dell'Etna: la strada SS113 costiera, che andava da Palermo a Messina, e la SS120, una strada di montagna, molto insidiosa, che passava all'interno e che attraversava la Sicilia da Nicosia a Randazzo.

Il 30 luglio le truppe della Prima Divisione canadese conquistavano Catenanuova, nell'entroterra ennese. Il primo di agosto gli americani facevano il loro ingresso a Santo Stefano di Camastra, con le truppe britanniche che catturavano l'importante aeroporto di Gerbini, a pochi chilometri da Catania.

Dal 10 luglio al 5 agosto, Catania stessa subì numerosi attacchi da parte di 39 bombardieri pesanti, 172 medi, 10 bombardieri leggeri e 309 cacciabombardieri.

Per conquistare le posizioni su Troina e Adrano, entrambe luoghi chiave della linea dell'Etna, la Tactical Air Force svolse un ruolo diretto e importante. Dall'8 luglio al 6 agosto 265 cacciabombardieri, 97 bombardieri leggeri e 12 bombardieri medi andarono contro Troina. Essi inflissero danni così gravi che, secondo un ufficiale delle forze di terra, furono necessarie trentasei ore agli ingegneri per aprire un varco tra le macerie della città. Su Adrano a partire dal 10 luglio al 7 agosto, 140 cacciabombardieri, 367 bombardieri leggeri e 187 medi si accanirono pesantemente.

L'avanzata delle truppe di terra verso Randazzo venne accompagnata da intensi attacchi aerei. La cittadina stessa divenne rapidamente uno degli obiettivi più pesantemente bombardati in Sicilia. Il picco dello sforzo dei bombardieri venne raggiunto il 7 agosto, quando 104 Mitchell e 142 Boston statunitensi, insieme ai Boston e ai Baltimore della RAF e SAAF, distrussero gran parte della città. Tra l'1 e il 13 agosto un totale di 425 bombardieri medi, 248 bombardieri leggeri e 72 cacciabombardieri avevano attaccato la città.

Sull'isola, l'esercito tedesco agli ordini del General Hube attuava con successo la ritirata attraverso tre linee difensive, sfruttando il restringimento del territorio siciliano man mano che ci si avvicina a Messina. I tedeschi sabotarono tutti i veicoli prima di abbandonarli, bruciando tutto ciò di cui si poteva fare a meno. Sui due versanti dello stretto, quello siciliano e quello calabrese, venne allestita la più imponente concentrazione di postazioni antiaeree, i temibili cannoni Flak da 88 mm. Per la difesa dello Stretto di Messina, l'Oberst Ernst-Günther Baade mise in opera ben cinquecento bocche da fuoco dislocate su entrambe le sponde. Il 10 agosto completò la sua opera, con la messa in postazione di tutte le artiglierie preventivate e con la predisposizione dei dieci approdi ben mimetizzati e allestiti, in grado di ospitare la flotta di chiatte e barche a motore, che avrebbe condotto uomini e materiali in Calabria.

Randazzo cadde l'11 agosto; alle truppe italo-tedesche non restò che attraversare velocemente lo Stretto di Messina per ritirarsi nel continente.
A coordinare le operazioni navali per l'evacuazione dall'isola venne scelto il Capitano di Vascello Gustav Freiherr von Liebenstein, già decorato con croce di cavaliere. Ai suoi ordini aveva tre flottiglie da trasporto della Kriegsmarine, unità similari dell'esercito, e alcuni pontoni armati della Luftwaffe, oltre a naviglio italiano di varie dimensioni.[11]
Questa eterogenea flotta gestita da cinque battaglioni di genieri era in grado di trasportare ogni notte 8.000 uomini e 2.000 tonnellate di materiali ed equipaggiamenti.
All'alba del 17 agosto le operazioni di evacuazione dell'isola poterono dirsi concluse con un pieno successo tedesco. Nel corso dei 5 giorni erano andati persi solo pochissimi mezzi navali e qualche pontone Siebel. Si concludeva così quella che gli storici militari di parte Alleata battezzarono come la *Dunkerque italo-tedesca*, e che, occorre ricordarlo, avvenne, per l'esercito italiano e tedesco, contemporaneamente ma in parallelo, in quanto le forze dell'Asse impegnarono ognuno gelosamente i propri mezzi per evacuare l'isola.
Sul fronte nazionale, la più intensa e spettacolare battaglia aerea del mese si materializzò lunedì 16 agosto, durante un attacco al complesso aeroportuale di Foggia da parte dei B-24 Liberator della 9th Air Force. Un numero compreso tra 75 e 100 caccia italo-tedeschi ingaggiarono con i Liberator e con la scorta aerea una lunga lotta; otto quadrimotori americani, di cui sette appartenenti al 44th Bombardment Group ed uno del 376th Bombardment Group, furono persi in battaglia, ma rivendicarono la distruzione di quarantacinque caccia nemici. Queste azioni aeree messe in atto nella fase finale dell'Operazione Husky portarono a 4.846 le sortite effettive e a 8.009 tonnellate le bombe lanciate.[12]
La caduta della Sicilia venne suggellata dall'ingresso della 3ª Divisione di fanteria della Settima Armata statunitense del General Patton, che alle 10.00 del 17 agosto entrò trionfante a Messina, seguita dalle truppe britanniche del General Montgomery. La conquista della Sicilia in trentotto giorni fu per molti aspetti una campagna modello. In essa erano state combinate le forze di terra, d'aria e mare.

11 Il mezzo principale era il pontone Siebel o Siebelfähre, un tipo di imbarcazione progettato nel 1940 dall'ingegnere aeronautico Siebel, spesso armati con mitragliere contraeree da Flak 20 mm per autodifesa, alcuni vennero convertiti in batterie contraeree galleggianti con cannoni Flak da 88 mm. Era costituito da due elementi da ponte per mezzi pesanti con propulsione fornita da motori per autotrazione, con un dislocamento di 130 tonnellate, una velocità a pieno carico di 6-7 nodi e una capacità di carico di 50 tonnellate e 150-200 uomini.
12 Per questi dati sono state prese in considerazione le missioni operate da tutti i reparti aerei Alleati contro gli aeroporti italiani, sardi e siciliani tra il 4 luglio e il 17 agosto.

DAL BOMBARDAMENTO DI ROMA AL PASSO DEL BRENNERO

Alle 02.30 del mattino del 25 luglio, dopo dieci ore di discussione, la maggioranza dei gerarchi del Gran Consiglio del Fascismo aveva votato la sfiducia nei confronti del Duce, Benito Mussolini. Alle ore 17.30 dello stesso giorno Mussolini veniva arrestato dai Carabinieri, decretando così la fine del regime fascista.

Il governo Badoglio aveva già chiesto agli Stati Uniti, tramite il Vaticano, di conoscere le condizioni essenziali per ottenere per Roma lo status di *città aperta*; Eisenhower dovette attendere ulteriori istruzioni prima di autorizzare un secondo bombardamento. Naturalmente, l'ipotesi di concedere a Roma lo status di *città aperta* aveva suscitato la violentissima opposizione di Churchill, che aveva fatto presente a Roosevelt della sua inopportunità politica giacché essa sarebbe stata presa come prova che gli Alleati stavano *abbandonando il principio della resa incondizionata.*[13]

Domenica 1° agosto, prese il via l'Operazione Tidal Wave; 177 Consolidated B-24 Liberator appartenenti a cinque diversi gruppi dell'8th e 9th Air Force dell'USAAF volarono in missione per distruggere le raffinerie di petrolio di Ploieşti in Romania, fondamentali per il rifornimento di carburante per le forze armate tedesche. I quadrimotori partiti dalle basi attorno a Bengasi, in Libia raggiunsero la Romania per effettuare a bassa quota un attacco alle raffinerie. Anche se i danni agli stabilimenti produttivi furono ingenti, il prezzo pagato per le formazioni americane fu però altissimo, in un'operazione disastrosa che portò la perdita di 41 bombardieri e un totale di 532 membri degli equipaggi della formazione.

Alle ore 11.00 di venerdì 13 agosto Roma venne colpita per la seconda volta da aerei americani che arrivarono in formazioni geometriche. Questa volta presero parte alla missione soltanto i velivoli della 12th Air Force USAAF, decollata dagli aeroporti della Tunisia e dell'Algeria,[14] ed erano accompagnati dai caccia di scorta provenienti dall'aeroporto di Pantelleria e dalle basi siciliane. Alle 106 le Fortezze Volanti B-17 scortate da 45 P-38 Lightning, si aggiunsero 102 B-26 Marauder e 66 B-25 Mitchell scortati da 90 caccia P-38 Lightning. In tutto 409 aerei effettuarono il sorvolo della capitale a varie quote, e che in meno di un'ora scaricarono 500 tonnellate di esplosivo, quantità che corrispondeva alla metà delle bombe che erano state lanciate durante il primo attacco del 19 luglio.

Sul B-17 *Dirty Gertie* del 32nd Bombardment Squadron, 301st Bombardment Group USAAF, si era imbarcato personalmente il General Doolittle.

Il secondo bombardamento di Roma si inserì dunque, militarmente parlando, nel contesto dell'offensiva scatenata dall'aviazione statunitense nel Mediterraneo dall'inizio di agosto proprio per preparare il terreno al percorso verso la sua conquista. Il piano prevedeva bombardamenti su larga scala contro porti, stazioni, aeroporti, linee ferroviarie e vie di comunicazione. Dal punto di vista politico era evidente che ormai Eisenhower, in accordo con il suo governo e con quello inglese, cercava di accelerare al massimo la decisione di Badoglio di firmare un armistizio e far uscire l'Italia dal conflitto.

13 Roosevelt Churchill, Carteggio segreto di guerra, A. Mondadori Editore, Milano 1977, p. 407.

14 I B-24 Liberator della 9th Air Force non effettuarono missioni perché piuttosto debilitati dopo le perdite subite durante il celebre e dispendioso raid dell'1 agosto sugli impianti petroliferi a Ploieşti.

Gli obiettivi primari delle Fortezze Volanti erano quelli di dare una «ripassata» agli aeroporti del Littorio e di Ciampino, allo scalo merci di San Lorenzo e alla stazione Tuscolana, e spazzare via gli scali di smistamento della stazione Prenestina e della Casilina.
La mattina del 14 agosto, dopo meno di 24 ore dal bombardamento, il governo Badoglio dichiarò Roma *città aperta*. Fu il ministro degli Esteri Raffaele Guariglia a comunicarlo ai governi di Londra e Washington, e ai paesi neutrali.
Mentre la Sicilia cadeva, l'8th Air Force USAAF in Gran Bretagna metteva in piedi un attacco su vasta scala, su uno degli obiettivi più ambiziosi portati a termine fino a qual momento in Europa. L'intento era di paralizzare l'industria aeronautica tedesca con quello che passerà alla storia come il primo raid su Schweinfurt-Regensburg in Germania. La prima formazione composta da 127 bombardieri pesanti Boeing B-17 Flying Fortress, senza caccia di scorta, riuscirono a lanciare 299 tonnellate di bombe sul target prima di perdere 24 B-17 ad opera della caccia tedesca. Una seconda ondata di 183 bombardieri americani B-17 si presentò sullo stesso obiettivo qualche ora più tardi; essi pagarono un prezzo ancor più un caro con 36 bombardieri abbattuti e 121 danneggiati.
Allo stesso tempo in Italia oltre cento bombardieri della NASAF attaccarono Battipaglia e Castrovillari, pesantemente scortati dai P-38 Lightning. Il 19 agosto gli aerei della Luftwaffe che si erano ritirati sulle basi aeree «più sicure» nell'area di Foggia dovettero fronteggiare l'arrivo in formazioni separate di circa 150 B-17 e 70 B-24, mentre oltre 100 bombardieri medi colpivano Salerno e Sapri.
Il 31 agosto la 9th Air Force mandò i B-24 a bombardare lo scalo ferroviario di Pescara; nello stesso giorno circa 150 B-17 bombardarono invece la stazione ferroviaria di Pisa. Intanto i bombardieri medi e leggeri A-20 e B-25 attaccarono a basse e medie quote strade e linee ferroviarie nei pressi di Catanzaro, e nel pomeriggio la città di Cosenza; i cacciabombardieri andarono in missione sulla base degli idrovolanti e sulla linea ferroviaria nei pressi di Sapri.
Il 2 settembre le comunicazioni col passo del Brennero e Trento vennero temporaneamente bloccate dalle bombe dei bombardieri statunitensi; se l'operazione fosse stata più energica, continua, e soprattutto eseguita a tempo debito, avrebbe forse potuto ritardare l'arrivo in Italia del potente corpo di occupazione tedesco, con cui dovettero fare i conti prima il debole governo italiano e poi i comandi Alleati. Nel pomeriggio dello stesso giorno, 76 Fortezze Volanti B-17 attaccarono Bologna scaricandovi 187 tonnellate di bombe, riducendo in cenere il grande scalo ferroviario e danneggiando il centro storico della città.
Sull'altro versante dello stretto, il mese iniziò cercando di indebolire le retroguardie italo-tedesche in Calabria, con il bombardamento anche da parte di bombardieri medi e leggeri della NATAF di ponti stradali, ferroviari e anche alcune stazioni Radar.
Alle ore 04.30 del 3 settembre 1943 (giornata segnata anche della firma dell'armistizio italiano) iniziò un forte bombardamento nel tratto di costa tra Reggio Calabria e Villa San Giovanni; alle 05.40 sbarcarono sulle coste calabre due divisioni dell'Ottava Armata britannica: la Quinta Divisione britannica e la Prima Divisione canadese: ebbe così inizio l'Operazione Baytown. La resistenza tedesca fu pressoché nulla poiché le truppe si erano ritirate nell'entroterra tra le cime dell'Appennino calabro, in quanto avevano deciso di organizzare le difese più a nord. Alle 07.30 salparono le altre imbarcazioni da Santa Teresa di Riva, concludendo così l'imbarco.

L'Operazione Baytown era stata decisa fin dal 14 agosto 1943, quando gli Alleati avevano constatato che il porto di Messina era inservibile a causa dei sabotaggi tedeschi, e che di conseguenza sarebbe stato difficile per il grosso delle forze raggiungere la città dello Stretto a causa del fatto che nella strada statale tra Catania e Messina i tedeschi in ritirata avevano fatto saltare in aria con la dinamite alcuni ponti.
A proposito dell'Operazione Baytown, scrisse «L'Avvenire d'Italia»: «Il nemico rinnova il piano tattico sperimentato in Sicilia: attacco aereo sistematico a tutte le linee ferroviarie, ai gangli militari, ai centri produttivi, mediante incursioni che in queste ultime settimane giorno e notte hanno percorso, senza respiro, le nostre ridenti provincie del mezzogiorno».
Il 3 settembre, il Maresciallo Badoglio informò per la prima volta ufficialmente i capi di Stato Maggiore dell'Esercito, della Marina e dell'Aeronautica che il suo governo stava trattando un armistizio con gli Alleati, il quale sarebbe divenuto operante in data non anteriore al 12 settembre.[15]
Comunque, le trattative con gli Alleati non dovevano essere un mistero per i generali italiani, poiché il mattino del 2 settembre Castellano era tornato dalla Sicilia a bordo di un aereo pilotato dal maggiore Giovanni Vassallo dello Stato Maggiore Aeronautica, che oltretutto aveva fatto parte della delegazione italiana, senza contare i precedenti contatti con gli Alleati e altri voli verso la Sicilia registrati già dalla fine di agosto.
Nel pomeriggio del 3 settembre, in una tenda militare tra gli ulivi di Cassibile, nel siracusano, i flash degli obiettivi fotografici e l'occhio freddo della cinepresa immortalarono in una breve cerimonia, con la cordialità che le circostanze esigevano, la firma di un armistizio che metteva la parola fine alla guerra tra l'Italia e gli angloamericani.
Le firme, apposte alle 17.15, erano del Generale di Brigata, addetto al Comando Supremo italiano, Giuseppe Castellano, in rappresentanza del Maresciallo d'Italia Pietro Badoglio, Capo del Governo, e del Generale dell'esercito americano e Capo di Stato Maggiore, Walter Bedell-Smith, in rappresentanza del Comandante in Capo delle forze Alleate Dwight Eisenhower. Una prima bozza delle condizioni da imporre all'Italia era stata inviata da Londra a Washington il 29 luglio, e i 17 articoli erano stati ridotti su pressione degli americani. Gli Alleati avevano poi elaborato a Québec, tra il 14 e il 24 agosto, il testo esplicativo e interpretativo in 44 articoli, che diventerà il cosiddetto *armistizio lungo*.[16]
L'armistizio venne poi reso pubblico alle 19.45 dell'8 settembre dai microfoni dell'EIAR, che interruppero le trasmissioni per trasmettere l'annuncio, precedentemente registrato, del Generale Badoglio che annunciava la resa alla nazione.
Dopo la firma dell'armistizio, il General Mark Wayne Clark, a cui andava il comando della Quinta Armata americana, venne informato da Eisenhower della resa dell'Italia, e della fine dell'alleanza italo-tedesca.
Il comando americano aveva previsto di lanciare nei pressi di Roma l'82ª Divisione paracadutisti, nome in codice Operazione Giant II. Tale operazione era però fortemente condizionata dalla cooperazione delle forze italiane, che avrebbero avuto il compito di occupare gli aeroporti di Guidonia, Littoria, Cerveteri e Furbara, e metterli a disposizione dei paracadutisti. Purtroppo per Badoglio le cose si complicarono, a causa della forte presenza dell'ormai ex alleato tedesco a Roma.

15 Ruggero Zangrandi, 1943: l'8 settembre, Feltrinelli editore, Milano, 1967, p. 82.
16 Marco Patricelli, op. cit., p. 272.

Ne seguì un messaggio di Badoglio che diceva: «In seguito ai cambiamenti della situazione, nettamente peggiorata, e per la presenza di forze tedesche nell'area di Roma, non è più possibile dare l'annuncio dell'armistizio perché la capitale verrebbe occupata e il potere assunto con la forza dei tedeschi. L'operazione non è più possibile, perché non dispongo di forze necessarie a mantenere gli aeroporti».
Intanto i preparativi per la conquista di Salerno, nome in codice Operazione Avalanche, discussi e finalizzati il 23 agosto ad Algeri, erano ormai alle battute finali. L'Ottava Armata britannica avrebbe funto da diversivo, mentre lo sforzo principale sarebbe stato compiuto dalla Quinta Armata americana a Salerno. La forza da sbarco sarebbe stata composta dal VI Corps statunitense del General Ernest Dawley. Queste forze avrebbero dovuto conquistare Napoli e congiungersi con l'Ottava Armata britannica di Montgomery, in risalita dalla Calabria.
In tutto le forze anglo-americane potevano contare su circa 30.000 soldati britannici e 25.000 americani per attaccare le posizioni tedesche, difese da circa 20.000 uomini, già schierati nella zona di Salerno, mentre altri 100.000 erano i nemici che gli Alleati credevano potessero convergere nella zona degli sbarchi in breve tempo. C'era da contrastare soprattutto la 16ª Panzer-Division, guidata dal Generale tedesco Heinrich von Vietinghoff, che disponeva di quattro unità, tutte a breve distanza dalla testa di ponte: dopo l'esperienza in Sicilia, infatti, von Vietinghoff decise di non battersi sulle spiagge, bensì di potenziare le sue forze e attaccare sfruttando le posizioni più elevate. Così, fu deciso che il XIV Panzerkorps si sarebbe schierato a nord contro le forze britanniche del X Corps, mentre il LXXVI Panzerkorps avrebbe ingaggiato gli americani a sud del Sele. La Divisione corazzata Hermann Göring, reduce dalla Sicilia e rinforzata da elementi della 1ª Divisione Fallschirmjäger, con la 15ª Divisione Panzergrenadier, schierata a nord sul golfo di Gaeta, ma fortemente a corto di mezzi corazzati, ricevettero l'ordine di muoversi verso la testa di ponte già la sera del 9 settembre.
Il 5 settembre, circa 130 B-17 Flying Fortress attaccarono gli aeroporti di Civitavecchia e Viterbo; più di 200 B-25 Mitchell e B-26 Marauder si diressero invece contro le piste di atterraggio attorno a Grazzanise, in Campania. Nelle prime ore del 9 settembre le truppe della Quinta Armata misero piede sulle spiagge di Salerno, dando ufficialmente il via all'Operazione Avalanche, mentre nelle ore pomeridiane 41 B-24 bombardarono le piste di Foggia, e i B-17 attaccarono dei ponti stradali nei pressi di Cancello Arnone e Capua; più di 240 le sortite che vennero operate dai B-25 e B-26 contro alcuni ponti ferroviari a Potenza e sulla pista aerea di Scanzano. Il 10, le Fortezze Volanti, i Mitchell e i Marauder andarono in supporto delle operazioni di terra sull'area di Salerno; nel frattempo i B-24 Liberator non mollavano la morsa sul complesso aeroportuale di Foggia. Alle ore 07.40 dello stesso giorno una formazione di 12 cacciabombardieri A-36A Invader del 27th Fighter-Bomber Group in ricognizione Armata individuò più di 500 veicoli e mezzi corrazzati nemici nei pressi di Lagonegro in marcia verso nord, a circa 70 miglia da Salerno. Qualche attimo dopo l'individuazione la formazione effettuò l'attacco in picchiata bombardando e mitragliando la lunga autocolonna; gli attaccanti stimarono di aver distrutto circa 177 veicoli tedeschi e di averne danneggiati altri 246.
L'11 settembre, 16 bombardieri tedeschi Dornier Do 217K2 del III./KG 100 attaccarono gli incrociatori USS *Philadelphia* e *Savannah* e la loro scorta, mentre sostenevano le forze Al-

leate a Salerno. Il *Savannah* venne colpito da una bomba a controllo radio tedesco FX 1400, conosciuta agli Alleati con il nome di Fritz-X.
Con la conquista dei primi aeroporti nella penisola italiana, gli Spitfire americani del 31st Fighter Group poterono posizionarsi sull'aeroporto di Montecorvino il 20 settembre, seguiti dai cacciabombardieri del 27th e 86th Fighter-Bomber Group sull'aeroporto di Sele il 26 settembre. Dopo dieci giorni di aspri combattimenti, gli Alleati, che avevano subito perdite molto più elevate dei tedeschi, riuscirono a uscire dal pantano e a riorganizzarsi in vista dell'avanzata verso Napoli, che verrà conquistata solo il 1° ottobre 1943. I tedeschi, al contempo, preferirono ripiegare ordinatamente verso nord in direzione della linea fortificata, denominata Linea del Volturno, arroccata nell'impervio territorio appenninico a nord del capoluogo campano, dove si prepararono ad affrontare gli Alleati in avanzata.
Durante la prima settimana di ottobre, la Tactical Bomber Force effettuò circa 2.600 sortite a supporto della Quinta e dell'Ottava Armata. Nei primi due giorni, 160 P-40 americani avevano spianato la strada allo sbarco dell'Ottava Armata a Termoli, sull'Adriatico, bombardando e mitragliando truppe e veicoli sulle strade a nord-ovest della città. Il 3 ottobre, giorno della cattura di Benevento, e il giorno successivo, nonostante il maltempo i cacciabombardieri, insieme ai B-25, inflissero danni ingenti ai movimenti tedeschi. Il 13 ottobre a Brindisi il governo Badoglio dichiarò formalmente guerra alla Germania; la decisione avrebbe causato la netta scissione di quello che restava della Regia Aeronautica in due tronconi: l'Aeronautica Cobelligerante alleata delle forze anglo-americane, e quella della Aeronautica Nazionale Repubblicana, fedele all'alleato tedesco.
Il 19 ottobre, e per i successivi cinque giorni, i ponti e il sistema ferroviario dell'Italia centrale subirono attacchi. I bombardieri medi e pesanti effettuarono più di 650 sortite, lanciando circa 1.350 tonnellate di bombe. I danni al traffico ferroviario a nord dell'area di Roma furono ingenti e necessitarono di lunghe riparazioni. I tedeschi furono così costretti a ricorrere ai rifornimenti per vie stradali e marittime. Il 21, i B-17 bombardarono un viadotto ferroviario a Terni; i B-24 puntarono su un ponte ferroviario nei pressi di Orvieto e i B-25 e B-26 sullo stesso tipo di obiettivo, ma tra le località di Acquapendente e Montalto di Castro; non venne risparmiata nemmeno la linea ferroviaria a Orbetello. Ai Lightning venne lasciato il compito di colpire una stazione Radar nei pressi di Pellegrino. La NATAF dirottò gli A-20 e i B-25 su concentrazioni di truppe nemiche nei pressi di Cassino e sulle aree circostanti.
Il 24 ottobre l'aviazione inviò i bombardieri medi sull'aeroporto di Tirana, in Albania, e quelli pesanti sull'Austria. Qui, 89 B-17 e 25 B-24, scortati da 36 P-38, bombardarono la fabbrica di caccia tedeschi Messerschmitt Bf 109 a Wiener-Neustadt. Con l'obiettivo totalmente coperto dalle nuvole, soltanto i B-24 del 98th Bombardment Group riuscirono a colpire il primary target. I B-17 del 301st Bombardment Group attaccarono invece lo scalo ferroviario a nord di Wiener-Neustadt.[17]
Il 29 ottobre a Washington il General Marshall aveva incontrato il General Eisenhower suggerendo che un'intensificazione delle operazioni dei bombardieri medi e leggeri, e dei cacciabombardieri fosse di vitale importanza per l'avanzata della Quinta e dell'Ottava Armata, lasciando i bombardieri pesanti liberi di attaccare le linee ferroviarie e i ponti della pianura padana e gli obiettivi più distanti dal fronte.

17 Hammel Eric, Air War Europe. American's air war against Germany in Europe and North Africa. Chronology 1942-1945, Pacifica Press, USA, 1994, p. 199.

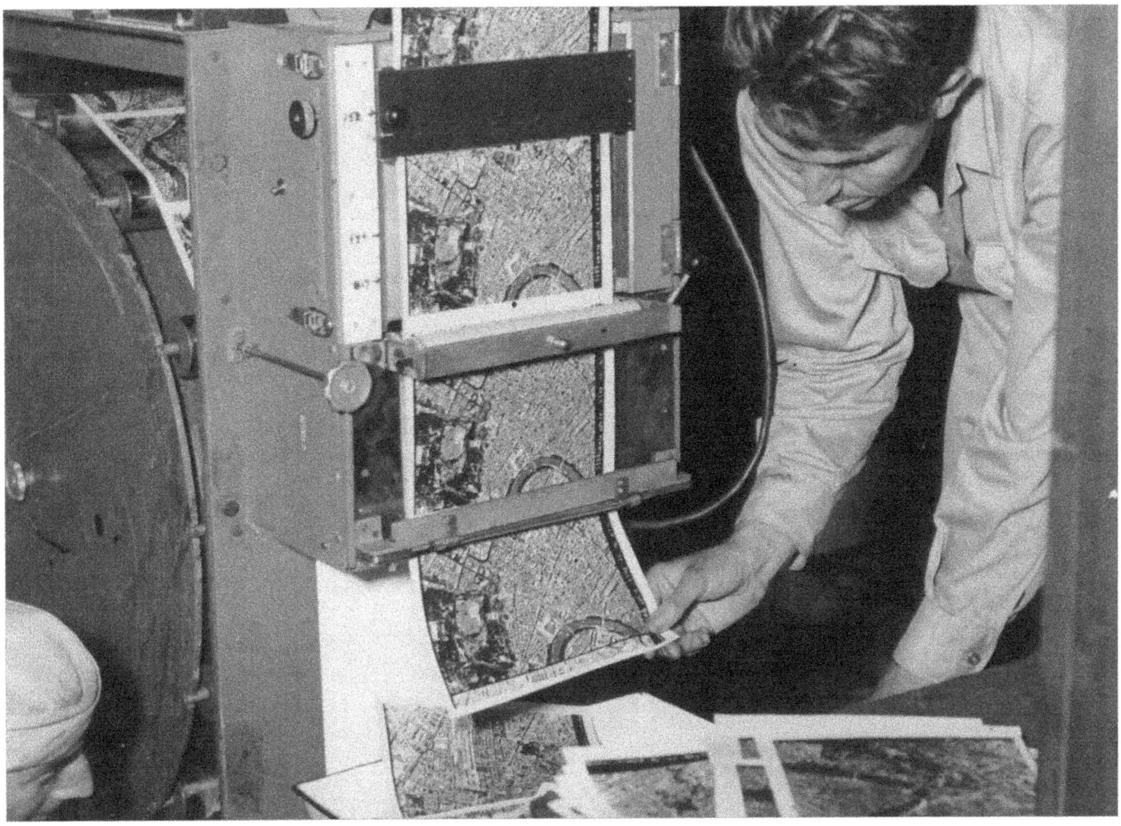

▲ Duplicazione delle foto di Roma, scattate dalla ricognizione aerea Alleata. Si riesce a notare villa Borghese e, al centro della foto, via del Corso in diagonale.

▼ In volo la formazione di Boeing B-17 Flying Fortress del 301st BG, diretti ad attaccare l'aeroporto di Viterbo il 29 luglio 1943.

▲ La stazione ferroviaria di Foggia e parte della città bombardata il 22 luglio 1943 dai B-17 del 97th BG. In quell'occasione il B-17F s/n 42-30119 "Hunter's Answer" pilotato dal 2nd Lieutenant Frank H. Hunter del 346th BS venne colpito e abbattuto dalla contraerea.

▲ Il tragico momento in cui il B-17F s/n 42-30119 "Hunter's Answer" viene colpito ad uno dei motori dalla contraerea.

▼ Il Bombardamento dell'aeroporto di Viterbo del 29 luglio 1943.

▲ Bombardamento della stazione ferroviaria di Benevento, avvenuto il 27 agosto 1943 ad opera di 36 B-25 Mitchell del 321st BG scortati da 31 P-38 del 82nd FG, seguiti da 36 B-25 del 310th BG.

▼ Il North American B-25C Mitchell s/n 41-12480 "Desert Warrior" appartenente all'81st BS, 12th BG. In primo piano il Captain Ralph M. Lower ed il suo equipaggio.

▲ L'equipaggio del B-17F s/n 42-5456 "Adele's Angel", pilotato dal Captain E. M. Slack Jr. ed appartenente al 419th BS, 301st BG. L'intero equipaggio posa dietro un ordigno per festeggiare la loro centesima missione. Qui di ritorno dal bombardamento di Livorno.

▼ Bomb Fall Plot del bombardamento di Napoli avvenuto il 1° agosto 1943. L'incursione venne effettuata dai B-17 Flying Fortress del 99th BG.

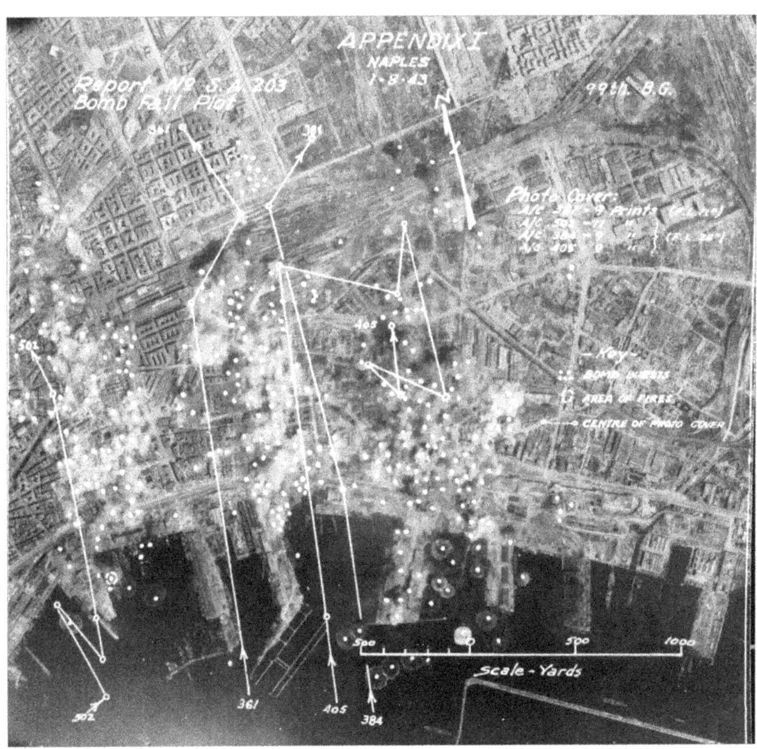

▲ Foto di Pisa scattata il 2 settembre 1943 da un Mosquito PR del 60 Squadron SAAF. In foto sono stati segnati i punti d'impatto degli ordigni e i dati dell'Interpretation Report allegato.

3012 5S-9 3.P.G. JUNE 19th 1943. 1535. F/24" 27.500'

▲ Foto scattata su Roma il 19 giugno 1943 da un ricognitore F-5A del 3rd Photographic Reconnaissance Group USAAF.

▼ Una formazione di B-26 Marauder sorvola Roma. In primo piano il B-26B s/n 41-18275 "Little Salvo" appartenente al 320th BG.

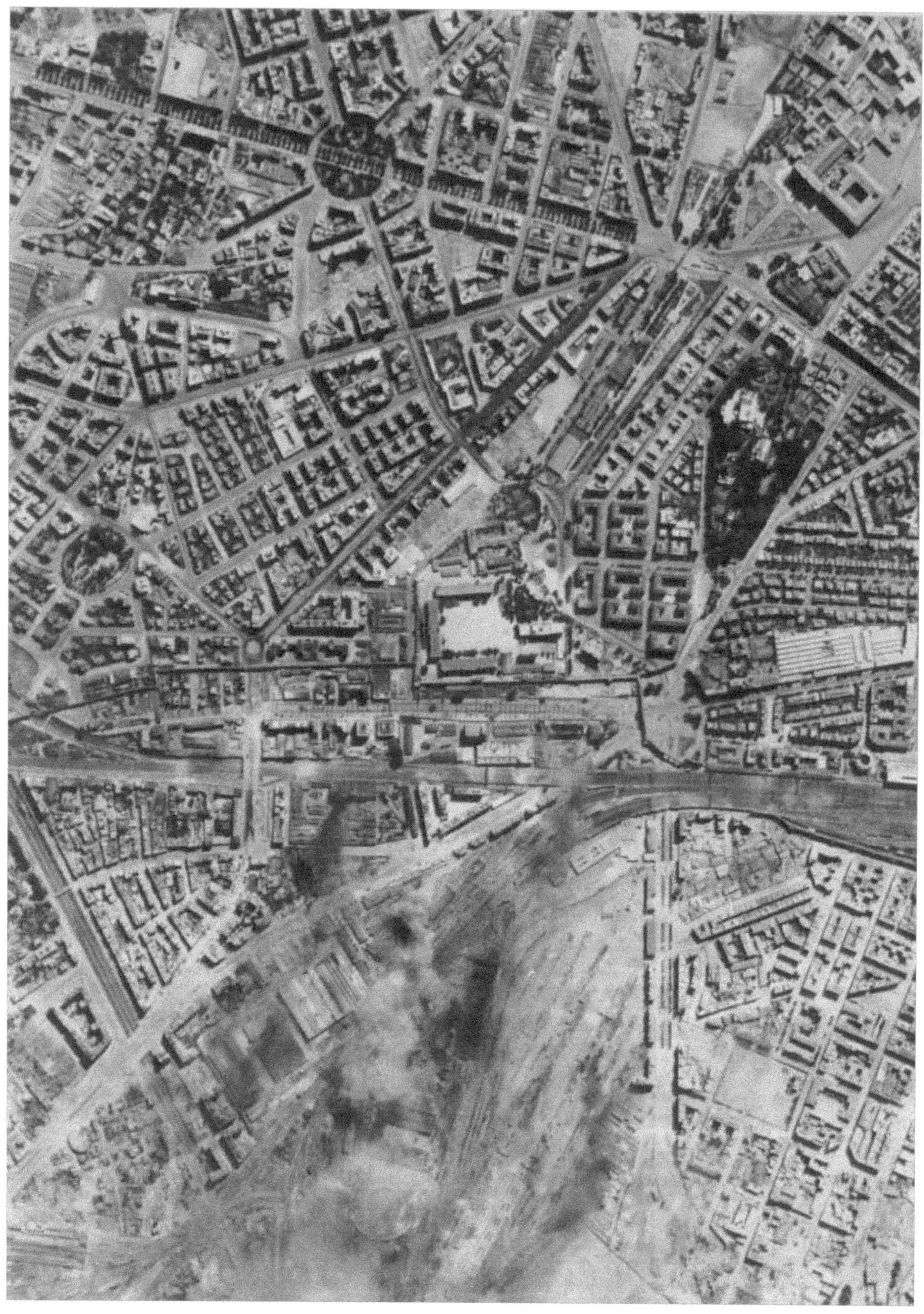

▲ Il bombardamento della stazione ferroviaria di San Lorenzo a Roma nell'estate del 1943

▲ Differente veduta dei B-26 Marauder sulla Capitale.

▼ Da sinistra il Colonel Elliot Roosevelt a capo del NAPRW, e il General Harold Alexander, che con la mano destra indica alcuni obiettivi sulla mappa dell'Italia.

▲ Il Colonel Keith K. Compton CO del 376th BG (a sinistra chinato) e il Major N. V. Arnold in un briefing prima di una missione sull'Austria.

▼ Il Colonel Keith K. Compton (al centro), e il Brigadier General Uzal G. Ent (a destra) comandante del IX Bomber Command, ritratti davanti al B-24D s/n 42-40664 "Teggie Ann", velivolo leader nell'attacco alle raffinerie di Ploiesti, in Romania. Questo bombardiere verrà abbattuto durante il raid su Foggia del 16 agosto 1943.

▲ Il raid aereo su Capua del 9 settembre 1943. In quell'occasione vennero colpiti dai B-17 del 347th BS, 99thth BG, un ponte ferroviario e due ponti stradali.

▲ Il 17 settembre 1943 l'aeroporto di Ciampino subì un pesante attacco da parte dei B-17 e B-26 della NASAF.

▲ In primo piano un grosso ordigno con il suo governale nel momento del lancio sull'aeroporto di Udine. Il primo bombardamento americano su Udine venne effettuato il 25 dicembre 1943 ad opera dei B-24 della 9th Air Force.

▲ Bombardamento della stazione ferroviaria di Bologna, avvenuto il 2 settembre 1943 ad opera dei B-17 Flying Fortress del 97th BG.

▲ Fotogramma scattato il 19 settembre 1943 su Pescara da uno Spitfire PR del 682 Squadron RAF, a cui venne affidato il compito di verificare i danni dei bombardamenti americani sulla stazione ferroviaria del 16 e 18 Settembre 1943.

▲ La stazione ferroviaria di Bolzano bombardata il 10 novembre 1943 dai B-17 Flying Fortress della 15th Air Force.

LA 15TH AIR FORCE USAAF IN ITALIA

La risalita dell'Italia, alla fine del 1943, si era impantanata sui fronti di difesa tedeschi preliminari della Linea Gustav, che tagliava la penisola nel suo punto più stretto, tra i fiumi Garigliano e Sangro, da Gaeta a Ortona passando per la valle del Liri e Cassino.
A ovest operava la Quinta Armata di Clark, a est l'Ottava Armata di Montgomery: ad ambedue toccò fare i conti con il terribile inverno appenninico, di cui non avevano alcuna cognizione, e con Kasselring sul fronte opposto, che spostava in continuazione i reparti tedeschi come se si fosse trattato di semplici pedine.
Nel frattempo, a Mosca si incontrarono i ministri degli Esteri Alleati in quella che passerà alla storia come terza conferenza di Mosca, in cui si discussero quali collaborazioni e misure dovessero essere intraprese per abbreviare e porre fine alla guerra con la Germania e le potenze dell'Asse.
In Italia, l'attenzione dell'aviazione USAAF si spostava contro una nuova serie di obiettivi più a nord-ovest, a ridosso del confine con la Francia.
Il 29 e il 30 ottobre i bombardieri americani raggiunsero la costa della Liguria. Su Genova, già colpita il 29 dalle fortezze volanti, si scagliarono il giorno successivo venti B-24 Liberator, che colpirono la stazione ferroviaria, le acciaierie Ansaldo ed altri impianti industriali; a farne maggiormente le spese però fu soprattutto il quartiere di Sampierdarena. Il 30, 133 Fortezze Volanti lanciarono ordigni su Imperia, Porto Maurizio, Savona e Varazze; mentre i B-25 della NATAF attaccarono Frosinone, e alcune unità da caccia come i P-40 del 324th Fighter Group, si spostarono dalla Tunisia all'aeroporto di Cercola, in Campania, per riunirsi ad altri elementi del XII ASC.
Il 1° novembre, la Luftwaffe attaccò Napoli, lasciandosi dietro 144 morti. Il bombardamento recò gravi danni ai quartieri Spagnoli, dove si verificarono crolli in vico Tofa e in via Gesù e Maria, ingenti danni e vittime anche fra militari Alleati in vico Canale, gradini San Matteo e vico Lungo Montecalvario.[18]
Dal 1° novembre venne formalmente costituita la 15th Air Force, con sede a Tunisi.[19] In essa transitarono i reparti da bombardamento pesanti, con i B-17 e B-24 della 9th e della 12th Air Force, che andarono a costituire il 5th Bombardment Wing. Questa forza aerea si dispose soprattutto in Puglia e negli aeroporti del foggiano; i B-26 e i P-38 del 42nd Bombardment Wing andarono in Sardegna, e il 47th Bombardment Wing, con i B-25 e i P-38, a Manduria nel tallone d'Italia. Forti del completo predominio dell'aria sull'Italia meridionale, uno scaglione avanzato della nuova forza area si stabilì a Bari e il 22 novembre furono emessi ordini di trasferimento per tutte le restanti sedi operative con l'ordine di raggiungere l'Italia a partire già dal 30 novembre. Il movimento si completò il 3 dicembre, fatta eccezione per alcune aliquote che completarono il trasferimento a fine dicembre.
Il 1° dicembre venne dismessa ufficialmente la sede di Tunisi e si aprì quella di Bari, dove la

18 Gribaudi Gabriella, Guerra totale. Tra bombe alleate e violenze naziste. Napoli e il fronte meridionale 1940-1944, Bollati Boringhieri, 2005, p. 160.
19 Fu una forza aerea imponente che dispose, all'apice della sua operatività, di ben 21 gruppi di bombardieri pesanti (6 di B-17 e 15 di B-24) e sette gruppi caccia (3 di P-38, 3 di P-51 e uno di P-47) in funzioni e di scorta ai gruppi da bombardamento, e numerose altre unità minori.

15th Air Force rimase fino alla fine della Campagna d'Italia.[20]
Nelle ultime due settimane di novembre le condizioni climatiche peggiorarono, tanto da impedire gran parte delle missioni. Il 19 alcune missioni vennero operate dagli A-36A e dai P-40 nell'area di Cassino e Pontecorvo, con l'attacco di alcuni ponti e treni nei pressi di Rieti. Il 26, 27 e 28 le condizioni ritornarono parzialmente favorevoli, il che favorì l'attacco dei bombardieri pesanti B-17 e B-24 sulle località di Rimini, Grizzano e Vergato; il 29 vennero bombardati gli aeroporti nell'area di Roma e Grosseto. I bombardieri medi e leggeri puntarono alle posizioni nemiche nei pressi delle città di montagna intorno Mignano, sotto Cassino, e a sud di Cerveteri e Valmontone.
Incursioni si registrarono contro i moli di Civitavecchia e il porto di Anzio. Il mese si chiuse con il bombardamento di Fiume da parte dei B-24 della 15th Air Force.
Il 2 dicembre la Luftwaffe attaccò indisturbata il porto di Bari. La sera del 2 dicembre 1943, 105 bombardieri Junkers Ju 88, appartenenti alla Luftflotte 2 tedesca, bombardarono le navi da trasporto Alleate cariche di munizionamento ancorate alla fonda del porto; l'attacco causò grosse perdite per gli Alleati, che non subivano un'incursione aerea a sorpresa di tale efficacia e intensità a un proprio porto dall'attacco giapponese di Pearl Harbor.
Le bombe colpirono la SS *John L. Motley* e la SS *John Harvey* che esplosero all'interno dell'area del porto gremito di navi; le successive esplosioni, e gli incendi che ne derivarono, distrussero diciassette navi per un totale di 62.000 tonnellate. A causa dei gravissimi danni ci vollero tre settimane per tornare alla normalità.
Durante l'ultima metà di dicembre, i bombardieri strategici intensificarono la loro offensiva contro le linee ferroviarie; il 16 dicembre i B-24 attaccarono un tunnel ferroviario tra Dogna e Chiusaforte, e i B-17 bombardarono la stazione e le intersezioni ferroviarie a Padova. Nonostante il maltempo, che annullò molte missioni, i bombardieri pesanti riuscirono a portare a termine 812 sortite, ed i B-26 ben 737.
La linea degli obiettivi principali si era ormai attestata nell'area del Brennero e Tarvisio su cui operavano i quadrimotori; i target sulle linee della costa occidentale e orientale invece vennero affidate ai bimotori. Sulla linea del Brennero nei cantieri di Innsbruck e Bolzano, e nel viadotto sul fiume Avisio tra Trento e Bolzano, furono lanciate un totale di 450 tonnellate di bombe.
Gli attacchi non si fermarono nemmeno il giorno di Natale, quando i B-24 del 376th Bombardment Group bombardarono la stazione ferroviaria di Udine e l'aeroporto di Vicenza, mancando clamorosamente quest'ultimo, e colpendo le abitazioni della periferia provocarono un totale di 31 vittime. I B-17 infierirono ulteriormente contro la stazione ferroviaria di Udine e su quella di Bolzano. I B-26 Marauder della 15th Air Force bombardarono diverse stazioni ferroviarie tra Pisa e Porta Nuova.

20 Questa nuova riorganizzazione aveva fatto confluire nella 15th Air Force alla fine di dicembre da un organico iniziale di 3.624 ufficiali e 16.875 uomini arruolati un totale complessivo di 4.873 ufficiali e 32.867 uomini arruolati. Craven Wesley Frank e Cate James Lea, op. cit., p. 571.

▲ Alcuni velivoli americani in sosta presso l'aeroporto di Palermo Boccadifalco. Si distinguono un B-17, un C-47 e alcuni P-38 Lightning. Il cerchio sulla deriva identifica il B-17 come appartenente al 2nd BG.

LO SBARCO AD ANZIO

L'inizio del nuovo anno segnò un cambio radicale nella leadership Alleata dell'intero teatro del Mediterraneo. L'aeronautica statunitense, che aveva ormai consolidato le sue posizioni in Italia, era chiamata adesso a gestire con maggiore frequenza le missioni oltre confine, su Austria, Francia e Germania; ad est si intensificarono anche le sortite sul fronte jugoslavo. Ai generali, che avevano egregiamente portato a termine importanti campagne militari, venne ordinato di rientrare in Inghilterra; il General Dwight Eisenhower assunse la carica di comandante supremo Alleato per l'imminente invasione della Normandia, e l'Air Marshal Sir Arthur Tedder venne nominato suo vice. Ad Eisenhower succedette il General Sir Henry Maitland-Wilson, soprannominato "Jumbo"; londinese di nascita, aveva maturato una lunga esperienza in Medio Oriente. Il General Sir Bernard Montgomery avrebbe avuto il compito di comandare l'esercito durante le fasi iniziali dello sbarco in Normandia, così come l'Air Vice Marshal Sir Arthur Coningham, che assunse il comando della 2nd Tactical Air Force. Il comando delle forze aeree Alleate della Mediterranean Allied Air Forces (MAAF), intanto, passò all'americano General Ira Clarence Eaker, proveniente dell'8th Air Force USAAF in Inghilterra. Il Major General James H. Doolittle, invece, passò il comando della 15th Air Force al Major General Nathan F. Twining. L'Ottava Armata venne rilevata dal General Sir Oliver Leese, e allo stesso tempo il comando dell'Aeronautica Tattica Alleata del Mediterraneo venne assegnato al Generale americano John Kenneth Cannon. La riorganizzazione degli elementi USAAF nel Mediterraneo era ormai praticamente completa. A gennaio la 12th Air Force era diventata un braccio puramente tattico e secondario rispetto alla 15th Air Force, di cui aveva inglobato i precedenti gruppi di bombardieri medi.[21]
Quando il General Eaker arrivò nel Mediterraneo, il 14 gennaio 1944, mancava solo una settimana all'Operazione Shingle, e cioè allo sbarco previsto ad Anzio, che avrebbe coinvolto una forza di truppe americane e britanniche per un totale di circa 110.000 unità.
Le truppe di terra del VI Corps statunitense del Major General John Lucas, articolato sulla Prima Divisione di fanteria britannica, al comando del General Penney e, sulla Terza Divisione di fanteria, del Major General Lucian Truscott, dovevano assicurarsi la testa di ponte per poi avanzare verso i Colli Laziali, a circa sette miglia nell'entroterra; un promontorio avrebbe infatti assicurato loro il comando sulla piana di Anzio e sulle strade statali 6 e 7, le due principali arterie di comunicazione per le truppe tedesche, che da Roma si sarebbero probabilmente mosse verso la zona di battaglia. Poco prima dello sbarco, la Quinta Armata mise in atto un forte attacco con lo scopo di rompere la Linea Gustav, marciando poi verso la Valle del Liri per ricongiungersi come in una morsa con le forze sul litorale laziale. All'Ottava Armata sarebbe spettato il compito di operare lungo il fronte dell'Italia orientale per prevenire il trasferimento delle truppe tedesche sugli altri settori delle operazioni. Allertato sulle possibili operazioni anglo-americane, il Field Marshal Kesselring dispose a nord di Roma la 92. Infanterie-Division, e a sud la 4. Fallschirmjäger-Division, mentre la 29. e la 90. Panzergrenadier furono messe in riserva mobile per contrastare eventuali sbarchi. Solo suc-

21 La 15th Air Force partendo dal complesso di aeroporti situati in Puglia, riuscì a raggiungere tutte le raffinerie petrolifere dell'Europa meridionale, attaccando le fabbriche di aeromobile nemiche che si trovavano nel suo raggio di azione, e distruggendo 6.282 aerei nemici in aria e al suolo.

cessivamente Kesselring spostò nottetempo le sue pedine per evitare di giorno gli attacchi aerei anglo-americani. L'esperta Panzer-Division Hermann Göring si posizionò di fronte ai reggimenti americani, la 3. Panzergrenadier-Division ebbe la responsabilità del tratto dinanzi a Campoleone, difeso dai britannici, e la 65. Infanterie-Division infine fu destinata alla realizzazione di una linea difensiva oltre il fiume Moletta. Dal fronte di Cassino furono quindi disimpegnate la 29. e la 90. Panzergrenadier-Division.
Le responsabilità per il supporto aereo sarebbero ricadute in gran parte sulla Tactical Air Force, la quale, bombardando gli aeroporti avrebbe impedito alla Luftwaffe di interferire nelle operazioni anfibie, mantenendo costante anche la pressione sulle linee di comunicazione tra Roma e il nord Italia. I sei gruppi statunitensi del XII Bomber Command composti da B-25 e B-26, avrebbero interdetto i collegamenti tra Roma e la linea Pisa-Firenze, mentre i caccia e cacciabombardieri del XII ASC e della Desert Air Force impegnati a sostenere da vicino le truppe di terra.
Il 2 gennaio, 43 B-25 del 57th Bombardment Wing e 73 B-26 del 42nd Bombardment Wing attaccarono la ferrovia a est di Nizza; i risultati furono soddisfacenti, soprattutto a Taggia, dove fu distrutto un ponte ferroviario, e a Ventimiglia, dove le due campate del ponte vennero totalmente fatte saltare in aria, con i Republic P-47 Thunderbolt del 325th Fighter Group in volo di caccia libera su Roma. Il giorno seguente, cinquanta B-17 del 97th e del 301st Bombardment Group della 15th Air Force danneggiarono gravemente lo scalo ferroviario del Lingotto a Torino, mentre altre cinquantatré Fortezze Volanti del 2nd e del 99th Bombardment Group sferrarono un duro colpo sugli stabilimenti industriali a Villar Perosa nel torinese.
Nei primi due giorni del mese, una cinquantina di A-36A dell'XII Air Support Command avevano colpito la darsena di Civitavecchia, da tempo meta prediletta perché era il porto più vicino a Roma e al fronte di battaglia.
L'8 gennaio, centonove Fortezze Volanti si presentarono sugli stabilimenti di assemblaggio e costruzione di aeromobili e caccia a Reggio Emilia, danneggiandoli gravemente, comprese le vicine linee ferroviarie.
Il 19 e il 20 i bombardieri pesanti, soprattutto B-17, diedero vita a intensi bombardamenti a tappeto sugli aeroporti dell'area di Roma, sganciando 700 tonnellate di bombe in 191 sortite contro Ciampino Nord e Sud, 103 contro Centocelle e 56 contro Guidonia.
Il 22 gennaio 1944 il VI Corps d'Armata statunitense sbarcò sulle spiagge di Anzio. Le forze tedesche, sotto il comando del Field Marshal Albert Kesselring, nonostante una timida sorpresa iniziale, riuscirono a riorganizzarsi velocemente e a bloccare l'avanzata Alleata, sferrando una serie di contrattacchi che misero in seria difficoltà gli angloamericani, e costarono loro forti perdite. La lunga e logorante battaglia di posizione che seguì nell'area della testa di ponte continuò fino alla primavera successiva, quando i tedeschi furono costretti alla ritirata dopo il crollo del fronte di Cassino. Anche in questo caso, però, l'obiettivo principale, ossia la distruzione delle forze tedesche in Italia, non fu conseguito e i tedeschi in ritirata poterono sfuggire alla morsa nemica e ridisporsi sulla Linea Gotica, baluardo che impegnò per mesi gli Alleati sugli Appennini.
Nel mese di gennaio, nonostante le condizioni climatiche sfavorevoli, i bombardieri della TBF martellarono costantemente il sistema ferroviario italiano. I loro sforzi si concentra-

rono sulla parte centrale della penisola italiana. Gli obiettivi principalmente colpiti furono Ancona, Arezzo, Fabriano, Foligno, Grosseto, Lucca, Pontedera, Siena, e i ponti ferroviari di Orvieto e Giulianova. In tutto i bombardieri medi totalizzarono su questi obiettivi 340 sortite.

Il 29 gennaio, mentre l'8th Air Force dall'Inghilterra bombardava con circa 863 bombardieri B-17 e B-24 la Germania nazista, scaricando contro quasi 2.000 tonnellate di bombe su Francoforte, in Italia la 15th Air Force inviava i B-17 e i B-24 contro le stazioni ferroviarie di Ancona, Siena, Fabriano, Prato e Rimini.

Nelle prime tre settimane che avevano preceduto lo sbarco ad Anzio, i velivoli del XII ASC avevano superato le 5.500 sortite, per la maggior parte volate dai caccia e cacciabombardieri, a sostegno ravvicinato della Quinta Armata, con un totale di ordigni di ben 5.400 tonnellate. Tra i loro obiettivi principali figuravano i nodi stradali di Cassino e Cervaro, i cantieri ad Aquino e Ceccano, la ferrovia e le strade di Formia e Fondi, l'importante svincolo a Frosinone sulla Strada Statale 6, alcune strade a Sora e l'ingresso di una galleria a Terracina.

Il 31 gennaio, l'alta presenza di velivoli nemici sugli aeroporti del nord Italia portò la 15th Air Force a far alzare dalle piste della Puglia i pesanti quadrimotori. Quarantuno B-24 Liberator bombardarono l'aeroporto di Aviano, mentre 70 B-17 Flying Fortress si diressero su quello di Udine. Allo stesso tempo il XII ASC inviava gli A-36A, P-40 e P-47 su strade, congiunzioni stradali, e sui piccoli centri dell'appennino. Alle azioni parteciparono anche i bimotori leggeri A-20 Havoc. Il 2 febbraio al comando del XII ASC subentrò il Brigadier General P. Saville, che prese il posto del Major General J. House, ma la strategia sarebbe rimase pressoché invariata.

Nel periodo che va dallo sbarco ad Anzio al 4 febbraio, i bombardieri medi volarono un totale di 45 missioni, 24 contro strade dalle quali i tedeschi dipendevano visti i danni alle linee ferroviarie. Quindici di queste missioni furono affrontate con lo scopo di creare dei veri e propri blocchi stradali nella zona dei Colli Laziali negli svincoli di Frascati, Albano, Palestrina, Marino, Mancini, Lariano, e Genzano.

▲ Il Bristol Beaufighter Mk VIF "Honeychile" del 416th Night Fighter Squadron USAAF, qui fotografato a Grottaglie il 17 novembre 1943. Sulla destra una coppia di Martin 187 Baltimore.

▼ L'aeroporto Capodichino e il vulcano Vesuvio fotografati durante l'eruzione, avvenuta a marzo del 1944.

▲ Da sinistra: il Major General Nathan F. Twining, comandante della 15th Air Force, il General Ira C. Eaker, comandante della MAAF, e il Major General Joseph Cannon, comandante del 12th Air Support Command, fotografati durante una riunione tenutasi a Caserta il 21 gennaio 1944.

▼ Il presidente americano Franklin Delano Roosevelt in visita in Italia, qui seduto su una Jeep Willys con alla sua destra il General Mark Clark, comandante della 5a Armata americana.

▲ Operai italiani supervisionati da personale americano stanno caricando su un camion delle bombe aeree da 1.000 libbre. Foto scattata presso il porto di Napoli il 6 novembre 1943.

▼ Civili italiani lavorano allo sgombero delle macerie causate dai bombardamenti Alleati a Napoli.

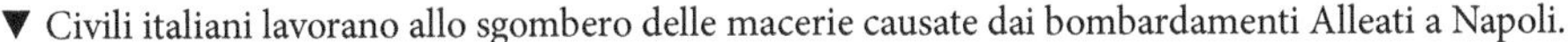

▲ Armieri del 79th FG stanno preparando le maglie a nastro con proiettili cal. 50, da caricare sui P-40 del gruppo. Il Curtiss P-40 era dotato di sei Browning M2 da 12,7 mm.

▼ Il bombardamento tedesco del porto di Bari avvenuto il 2 dicembre 1943.

▲ Militari americani camminano su un tappeto di bombe nel porto di Bari, cercando di estinguere i diversi incendi.

▼ Civili feriti nel bombardamento della Luftwaffe su Bari.

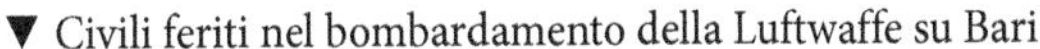

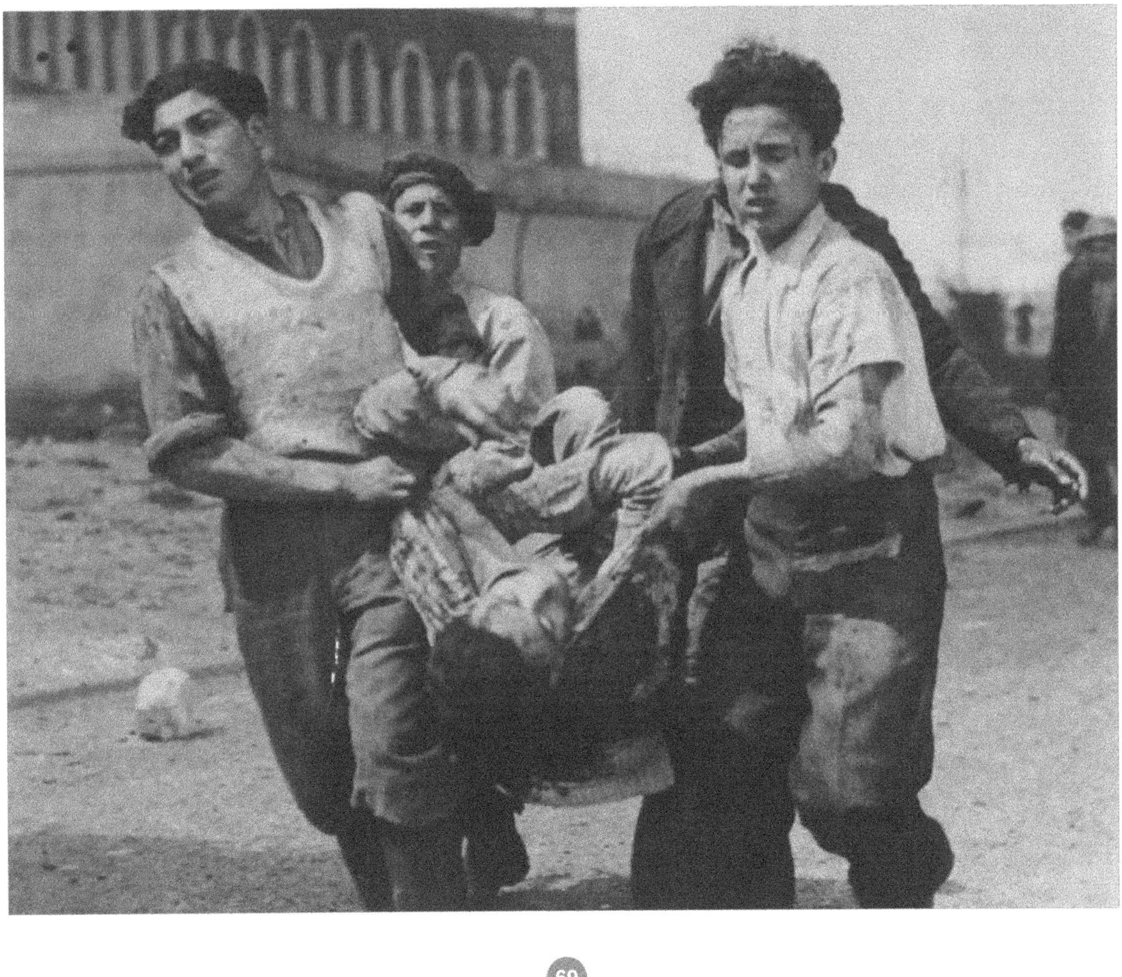

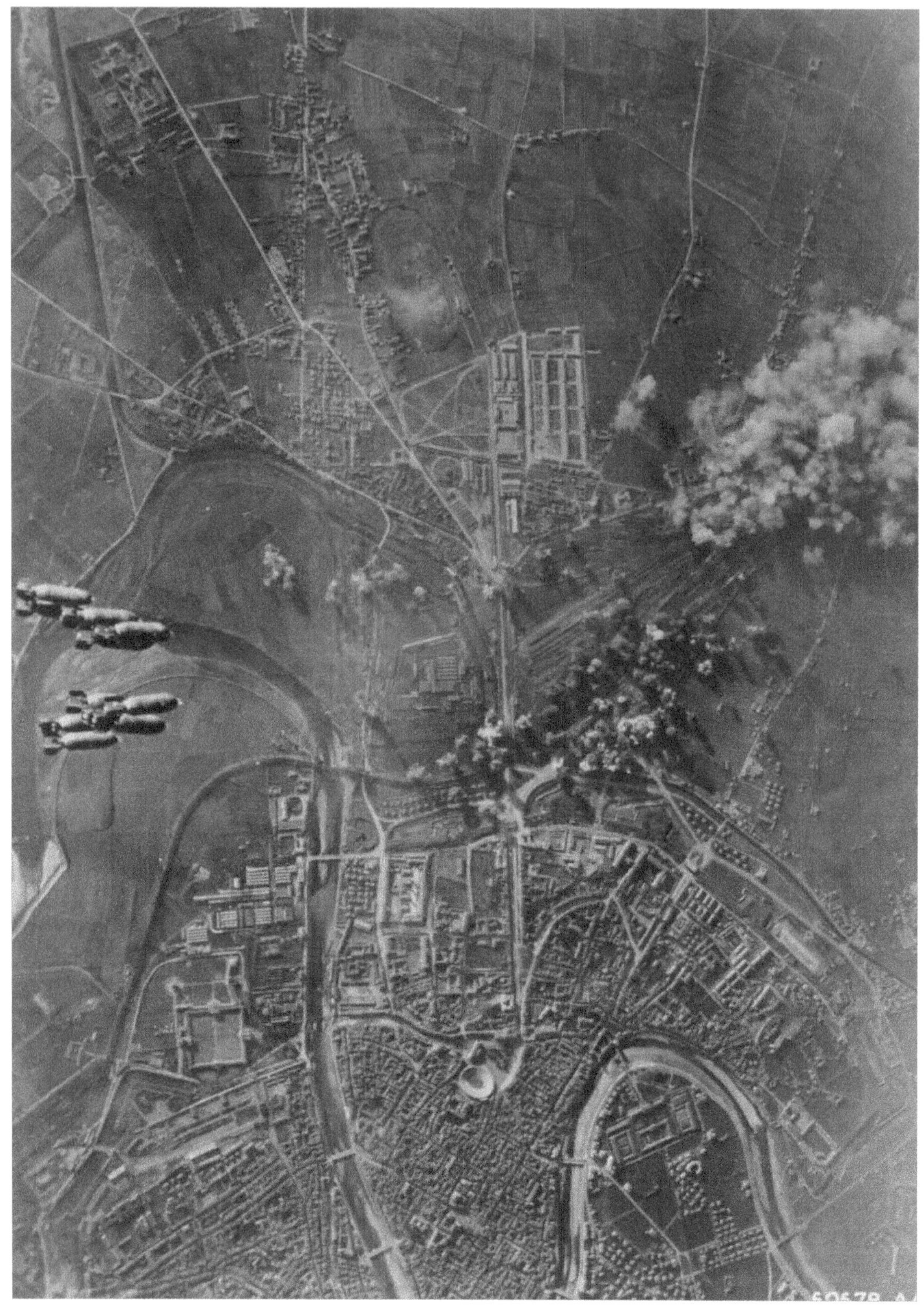

▲ Bombe lanciate sulla stazione ferroviaria di Verona. I B-17 americani fecero qui la loro prima comparsa il 30 dicembre 1943. In basso nella foto è nettamente visibile l'arena di Verona.

▲ Il 30 dicembre 1943 una formazione di Boeing B-17 Flying Fortress attaccò la stazione ferroviaria di Rimini. Il primo bombardamento americano su questa località venne operato l'1 novembre 1943 ad opera dei B-25 del 47th Bombardment Wing.

▼ Ordigni lanciati dai B-17 stanno per colpire l'area industriale di Torino.

▲ Gli stabilimenti Fiat di Torino colpiti nell'incursione dell'1 dicembre 1943. In quell'occasione i 118 B-17 della 15th Air Force vi lanciarono contro circa 354 tonnellate di ordigni. La scorta aerea affidata ai P-38 Lightning dovette fronteggiare circa 30 aerei della Luftwaffe, abbattendone due e danneggiandone altri tre.

▼ L'area industriale di Torino, bombardata l'8 novembre 1943 da una formazione di 81 B-17 della 15th Air Force, i quali scaricarono 732 ordigni da 500 lb ad alto potenziale.

▲ La stazione ferroviaria di Pisa attaccata il giorno di Natale del 1943 da 60 B-26 Marauder. Sull'obiettivo vennero lanciati circa 97 tonnellate di ordigni.

▼ Personale di terra cerca di liberare un carrello carico di ordigni rimasto incagliato nel fango.

▲ Una formazione di B-25 Mitchell del 340th BG in volo. In primo piano il B-25 s/n 42-32304.

▼ Ordigni vengono sganciati sulla città di Prato. Il 15 gennaio del 1944 la città e la stazione ferroviaria subirono un pesante bombardamento ad opera dei B-24 Liberator della 15th Air Force. Nello stesso mese seguirono altri due bombardamenti, il 21 e il 29. Al centro della foto la stazione centrale con la sua fontana monumentale.

▲ Un perfetto attacco operato dai B-26 Marauder su un ponte stradale tra Orvieto e Firenze.

▲ Bombardamento di un viadotto ferroviario a Recco (GE), tra Genova e La spezia. Le due immagini mostrano il prima e il dopo del bombardamento da parte dei B-17 Flying Fortress.

▼ Le infrastrutture del porto di Genova distrutte dai bombardamenti. Si nota la Lanterna di Genova scampata ai bombardamenti.

▲ Il Major Leon Gray del 90th Photographic Wing USAAF, qui in posa davanti al suo ricognitore F-5 "67" s/n 42-13067. Fu il pilota da ricognizione aerea più decorato del 3rd Photographic Reconnaissance Group. Visse fino all'età di 94, anni morendo il 26 novembre 2007.

▲ Una nave affondata al porto di Napoli.

▼ Ordigni vengono trascinati per essere caricati su un B-25 Mitchell.

DA CASSINO A ROMA

Il 4 ottobre 1943, Alexander aveva incontrato Eisenhower prevedendo ottimisticamente di entrare a Roma entro la fine di ottobre 1943, ma (come abbiamo appena visto) le cose andarono diversamente. Lo stesso giorno venne approntata, con disposizione di Hitler, la Linea Gustav. Kesselring riuscì nel suo intento permettendo ai genieri di ultimare i lavori di fortificazione di due principali linee difensive a sud di Roma: una, più a meridione chiamata Linea Bernhardt o Winter Line per gli Alleati (Linea d'Inverno), ed una seconda linea che sfruttando gli appennini e il corso dei fiumi, con la sua base nella Valle del Liri tagliava a metà la Penisola nel suo tratto più stretto. Tale linea venne denominata Linea Gustav, e il suo tracciato andava dal Golfo di Gaeta, sul Mare Tirreno, fino alla città di Ortona, sul mare Adriatico; il suo baricentro era situato proprio sul massiccio di Montecassino. Essa venne concepita come un sistema difensivo campale e semipermanente; a valle vennero installate casematte mobili in acciaio, oltre ad essere costruite strutture in calcestruzzo, mentre nel settore montano vennero erette opere difensive, quali postazioni in pietra e rifugi, sfruttando cavità naturali ampliate per mezzo di martelli pneumatici, esplosivo o spesso usando semplici utensili manuali. Gli operai vennero inizialmente reclutati con metodi coercitivi tra la popolazione locale, a cui si aggiunsero alsaziani, sloveni, russi, polacchi, rumeni ed ovviamente tedeschi.

Dallo sbarco ad Anzio fino ai primi di marzo, la Quinta Armata aveva martellato la Linea Gustav in un coraggioso ma inutile tentativo di sfondarla, per ricongiungersi alle forze ad Anzio. Domenica 13 febbraio il «Corriere della Sera» ammonì con un articolo datato Roma 12 febbraio, che «la propaganda nemica ha insistito stamane nella menzognera affermazione che i tedeschi hanno trasformato l'Abbazia di Montecassino in un centro fortificato. La Reuter cerca di mascherare l'insuccesso degli attacchi alleati nella zona di Cassino sostenendo che essa è difesa dalle mitragliatrici piazzate fra i muri dell'Abbazia, mitragliatrici che avrebbero aperto il fuoco sulle fanterie americane, mentre l'artiglieria alleata non avrebbe potuto intervenire per non colpire la monumentale e storica opera d'arte. La realtà è che il nemico teme di assumere una tremenda responsabilità distruggendo uno dei più insigni monumenti della cristianità e ancora una volta tenta, con la menzogna, di far ricadere la colpa sui tedeschi».[22]

Alle 09.00 del 15 febbraio, 24 ore dopo il lancio dei volantini su Cassino che esortavano ad andar via subito dal monastero, una prima ondata di bombardieri americani si presentò sull'abbazia di Montecassino. A mezzogiorno i B-17, B-25, e B-26 avevano sganciato centinaia di bombe. I soli 142 B-17 che avevano preso parte all'incursione avevano lanciato 576 tonnellate di esplosivo ad alto potenziale. La pesante azione bellica non avrebbe però portato alla ritirata dei tedeschi, che continuava a tenere duro sugli avamposti strategici.

In un quadro più ampio, alla fine di febbraio in Europa venne messa in atto l'Operazione Argument, un'offensiva aerea su vasta scala intrapresa dalla RAF e dall'USAAF dal 20 al 25 febbraio 1944, soprannominata anche Big Week (grande settimana).[23] L'obiettivo erano le diciassette maggiori fabbriche aeronautiche e i venti principali aeroporti della Germania.

22 Marco Patricelli, op. cit., p. 297.

23 I velivoli della 15th Air Force lanciarono nell'arco del ciclo operativo europeo 303.842 tonnellate di bombe su obiettivi nemici in 12 diversi paesi d'Europa.

Lo sforzo maggiore venne sostenuto dalla United States Strategic Air Forces (USSTAF), che si avvalse anche della scorta dei caccia del Fighter Command britannico, ma alcune azioni notturne furono compiute pure dal Bomber Command. Tra di essi anche i bombardieri della 15th Air Force in Italia.
Nonostante l'impegno profuso dalle forze aeree Alleate, l'industria di Adolf Hitler non subì il calo produttivo che avevano immaginato i comandanti Alleati.
Il 15 marzo venne messa in atto la più grande operazione aerea in quel teatro fino a quella data: più di 1.000 aerei Alleati crivellarono di bombe il monastero di Montecassino e le vicine postazioni difensive dell'esercito tedesco, su cui lanciarono oltre 1.200 tonnellate di bombe. Le forze aeree della 12th e 15th Air Force impegnarono 275 bombardieri pesanti e quasi 200 bombardieri medi, che sganciarono più di 2.000 libbre di bombe. Sebbene il monastero benedettino venne completamente demolito, l'attacco fu un ennesimo fallimento.
Nella notte fra il 14 e il 15 una rara azione offensiva della Luftwaffe si manifestò su Napoli, uccidendo 146 persone.
Con l'arrivo della primavera, le operazioni aeree della Mediterranean Allied Air Forces (MAAF) aumentarono di intensità. Il 19 marzo, si diede il via ufficiale all'Operazione Strangle, che aveva lo scopo di ostacolare e soffocare tutti i movimenti e i rifornimenti destinati alle truppe tedesche che andavano ad alimentare la Linea Gustav. Vennero così sistematicamente colpiti l'uno dopo l'altro tutti i ponti ferroviari e stradali di interesse tattico.
Il 22 marzo, circa cento B-24 bombardarono le stazioni ferroviarie di Bologna e Rimini; un numero altrettanto elevato di B-17 si dedicò alla stazione ferroviaria di Verona. I B-25 e B-26 della 12th Air Force si occuparono di un ponte stradale nei pressi di Poggibonsi e di un viadotto ad Arezzo. La sorprendente eruzione del vulcano Vesuvio, e la pioggia di lapilli che ne seguì, distrusse circa 88 B-25 Mitchell del 340th Bombardment Group sull'aeroporto di Pompei.
Martedì 28 marzo quattrocento B-17 e B-24 colpirono Verona, Mestre, Fano, e i ponti alla foce dei fiumi Cesano e Fano. Il 29, altri 405 B-17 e B-24 si divisero gli obiettivi di Torino, Bolzano e Milano.
I bombardieri medi effettuarono 176 missioni contro obiettivi ferroviari, 113 delle quali contro obiettivi sulla linea Firenze-Roma. Questa era di sicuro la linea più importante del centro Italia, tanto da venire attaccata in ventidue punti diversi tra Firenze e Orte; diciannove di questi obiettivi bombardati includevano dei ponti.
Il culmine della campagna strategica si materializzò in una serie di sette missioni compiute nell'arco di cinque giorni dalla 15th Air Force a fine marzo. Tre degli attacchi - il 22, 28 e 29 - furono particolarmente pesanti, e coinvolsero i bombardieri in un totale di quasi 1.000 sortite. Il 28 la prima incursione da "mille tonnellate" dei velivoli della 15th Air Force fu messa in atto dai bombardieri del 2nd, 97th, 98th, 99th, 301st, 376th, 449th, 450th 451st, 454th, 455th, 456th e 459th Bombardment Group. Le sette incursioni causarono gravissimi danni agli smistamenti ferroviari e agli obiettivi industriali di Verona, Mestre, Torino, Bolzano, Milano, Bologna e Rimini.
Intono alle ore 13 del 7 aprile, giorno di Venerdì Santo, la città di Treviso venne investita da una valanga di fuoco dal cielo, sprigionata da un centinaio di B-17 provenienti dalle basi pugliesi. L'attacco distrusse quasi l'intera città, causando la morte di più di 1.500 persone. Nella stessa giornata i B-24 bombardarono le stazioni ferroviarie di Bologna e Mestre.

Durante il mese pesanti attacchi vennero portati a termine sulle città di Ancona, Castelfranco Veneto, Padova, Vicenza, Venezia, Mestre, Monfalcone e Trieste. Il 25 aprile, circa centocinquanta Liberator attaccarono le fabbriche aeronautiche a Torino e bersagli tattici a Parma e Ferrara.
Il 28 vennero colpite pesantemente Piombino, Santo Stefano a Mare e Orbetello. Il 2 maggio più di duecentocinquanta velivoli della 15th Air Force, tra B-17 e B-24, bombardarono rispettivamente Bolzano, Castel Maggiore e un ponte ferroviario nei pressi di Faenza.
L'Operazione Strangle terminò l'11 maggio e fu senza dubbio un grande successo; pochi giorni dopo, il 19 maggio, tutta Cassino era già in mani Alleate. Nelle operazioni condotte della 15th Air Force durante Strangle, i bombardieri pesanti sganciarono più di 5.000 tonnellate di bombe sulle vie di comunicazione. Dal 19 marzo all'11 maggio le operazioni della MAAF contro le linee di comunicazione e i porti totalizzarono circa 50.000 sortite, con un totale di circa 26.000 tonnellate di bombe sganciate.
Nel mese di aprile 1944 Clark, fortemente scosso dopo i ripetuti insuccessi delle truppe di terra, era ritornato in segreto negli Stati Uniti dove rimase per due settimane; i dirigenti americani illustrarono al Generale i piani della prevista pianificazione Alleata, per la cosiddetta Operazione Overlord, il grande sbarco in Francia previsto per il 5 giugno. Sottolinearono anche che sarebbe stato propagandisticamente importante che prima di quella data le truppe americane fossero riuscite a liberare Roma. Clark, sempre deciso anche per ambizione personale a conquistare Roma, ritornò in Italia risoluto a sferrare una nuova offensiva. Contemporaneamente, anche Winston Churchill e Alexander erano intenzionati a riprendere le operazioni contro la Linea Gustav, nome in codice Operazione Diadem, in modo tale da poter far coincidere la stessa con lo sbarco in Normandia; ciò avrebbe comportato un indebolimento delle forze tedesche su più fronti.
Venne deciso che sarebbero stati impiegati il II Corps polacco, il XIII Corps britannico, appartenente all'Ottava Armata, il Corps Expéditionnaire Francese (incluso il Goumier marocchino) e il II Corps della Quinta Armata americana.
L'Operazione Diadem prese il via alle ore 23:00 dell'11 maggio 1944. Il XIII Corps britannico forzò un attraversamento sul fiume Rapido, nella valle del Liri, contro una forte opposizione delle riserve locali tedesche. Il Corps Expéditionnaire Français spinse il 14 maggio gli avversari verso le montagne sul fronte sinistro, sostenuto lungo la costa dal II Corps degli Stati Uniti. Il 17 maggio, il II Corps polacco attaccò a destra il monte Cassino.
La posizione tedesca crollò, e i tedeschi dovettero abbandonare la Linea Gustav per ripiegare sulla Linea Hitler, a circa 16 chilometri. Questa lotta fece sì che le riserve tedesche si spostassero da tale posizione, riducendo quindi la pressione sulla testa di ponte ad Anzio.
Il 12 maggio la più grande formazione aerea che avesse mai sorvolato i cieli dell'Italia, composta da Fortezze Volanti e Liberator, effettuò 1.143 sortite, lanciando 1.912 tonnellate di bombe come parte dell'Operazione Diadem. Il quartier generale tedesco a Massa d'Albe e Monte Soratte, la città di Civitavecchia, gli aeroporti di Tarquinia, Chivasso, Piombino, Marina di Carrara, Viareggio, Ferrara, Santo Stefano al Mare, Chiavari, La Spezia e l'aeroporto di Piacenza, vennero attaccati. Furono oltre duecentocinquanta i caccia in supporto alle operazioni. Il giorno seguente, sabato 13, 670 tra B-17 e B-24, pesantemente scortati, attaccarono Trento, Fidenza, Piacenza, Faenza, Imola, Cesena, Modena, Parma, San Rufillo, Borgo San Lorenzo, Castel Maggiore, Bologna, Bolzano e Modena. Il 14 oltre settecento

quadrimotori scortati da oltre 170 caccia, fecero rotta su Ferrara, Mantova e Piacenza; i B-17, su Vicenza; ancora Piacenza e Reggio Emilia i B-24. Pesanti bombardamenti vennero reiterati per tutto il mese. Il 28 toccò anche a Genova e Vercelli.
La Linea Hitler fu violata il 23 maggio a Pontecorvo dalla Prima Divisione di fanteria canadese. La X Armata della Wehrmacht fu quindi costretta a ritirarsi verso nordovest. Il VI Corps del Major General Lucian K. Truscott, muovendosi da Anzio verso nord est, era sul punto di tagliare la linea di ritirata tedesca, ma il comandante della Quinta Armata statunitense, il General Mark Wayne Clark, inspiegabilmente ordinò loro di avanzare verso Roma, invece di girare a nord-ovest per inseguire il nemico. Si dice che Clark abbia attuato tale manovra per avere una sua personale gratificazione per aver liberato Roma. La conseguenza però fu che la X Armata tedesca del General Heinrich von Vietinghoff riuscì a ritirarsi senza subire altre perdite. I tedeschi, dopo aver combattuto una serie di azioni ritardanti, si ritirarono sulla Linea Albert (o Linea del Trasimeno) e quindi sulla Linea Gotica, a nord del fiume Arno.
Dopo lo sfondamento del settore di Cassino e del settore della testa di sbarco di Anzio e Nettuno, il comandante tedesco Kesselring mise in piedi un ripiegamento delle sue forze sulla Linea Gotica, abbandonando così Roma.
La capitale venne infine liberata il 4 giugno 1944 dalla Quinta Armata statunitense, proveniente dal settore tirrenico. Nello stesso giorno la 15th Air Force continuò i bombardamenti su Genova, Novi Ligure, Savona e Torino; mentre i cacciabombardieri del XII ASC attaccavano nelle strade a nord di Roma oltre 600 veicoli tedeschi in ritirata.

▲ L'equipaggio di un B-26 dalla 15th Air Force festeggia le 8.000.000 libbre di bombe lanciate.

▲ Le macerie di Cassino fotografate da un ricognitore F-5 americano.

▼ L'ombra di un Lockheed F-5 sulla costa laziale, nei pressi di Sabaudia. Sulla destra la Caserma della Scuola Artiglieria Controaerei, adesso non più esistente.

▲ Lo sbarco ad Anzio (nome in codice Operazione Shingle) fotografato il 22 gennaio 1944 da un aereo ricognitore F-5 del 12th Photographic Reconnaissance Squadron USAAF.

▼ Il Bombardamento del porto di Piombino. Durante la notte tra il 10 e l'11 gennaio la città subì il primo pesante bombardamento da parte dei B-26 del XII Bomber Command. Questa foto si riferisce con molta probabilità al bombardamento effettuato il 20 marzo 1944 ad opera sempre dei B-26 del XII BC.

▲ Il porto di Civitavecchia attaccato dai B-25 Mitchell.

▼ Le infrastrutture portuali di Civitavecchia distrutte dai bombardamenti Alleati.

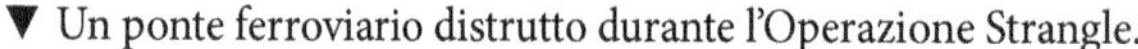

▲ Il porto di Civitavecchia ridotto ad un mucchio di macerie.

▼ Un ponte ferroviario distrutto durante l'Operazione Strangle.

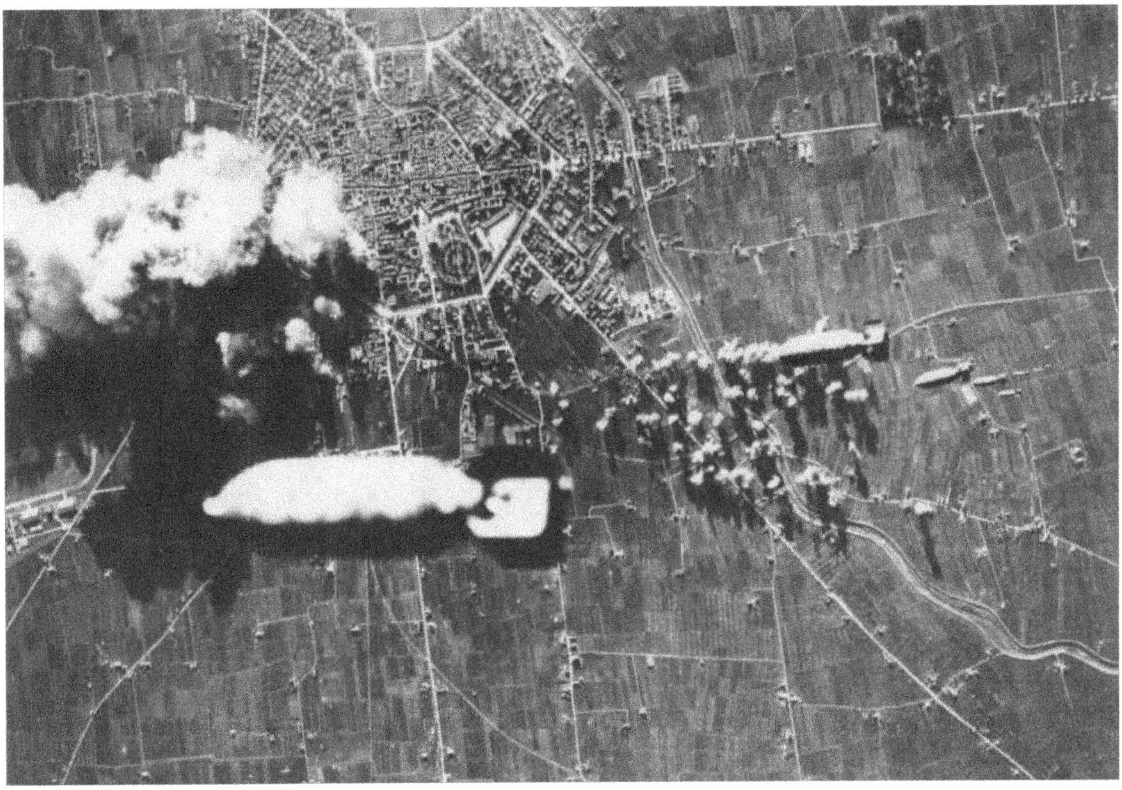

▲ Primo bombardamento da parte dei B-17 su Reggio Emilia, avvenuto il 29 dicembre 1943.

▼ La stazione ferroviaria di Reggio Emilia distrutta da bombardamenti.

▲ I capannoni del deposito dei mezzi pubblici distrutto dai bombardamenti di Reggio Emilia.

▼ Personale di terra sta agganciando un ordigno da 500 lb su un P-40 Warhawk del 79th FG presso l'aeroporto di Capodichino, a Napoli.

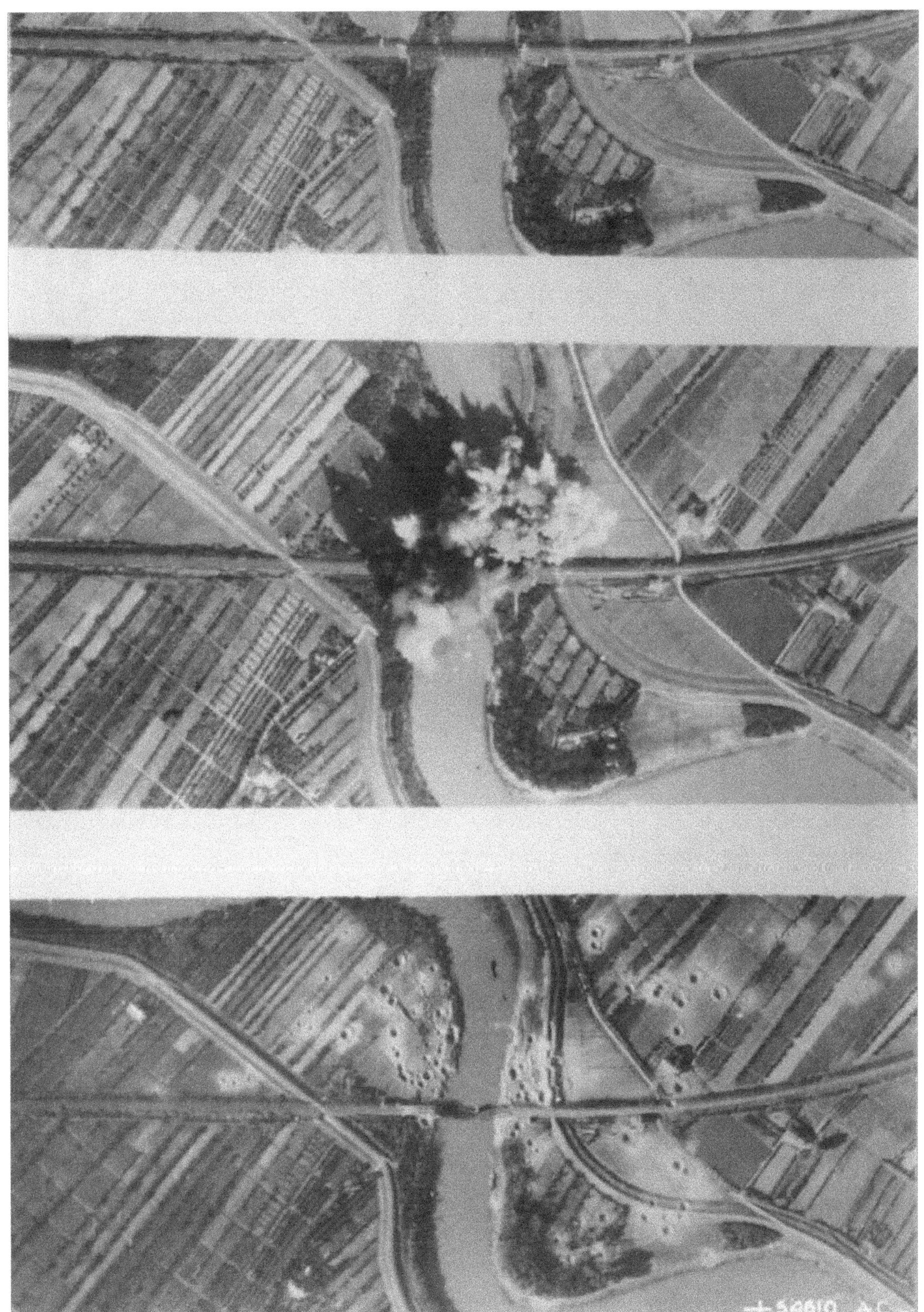

▲ Il prima, durante e dopo dell'attacco a un ponte nei pressi di San Donà di Piave.

▲ Alcuni B-25 Mitchell hanno appena attaccato degli obiettivi nei pressi di Terni. I B-17 attaccarono la città l'11 e il 28 agosto, e il 21 ottobre 1943. L'ultimo bombardamento americano su Terni venne effettuato il 24 aprile 1944, ad opera degli aerei della Tactical Air Force.

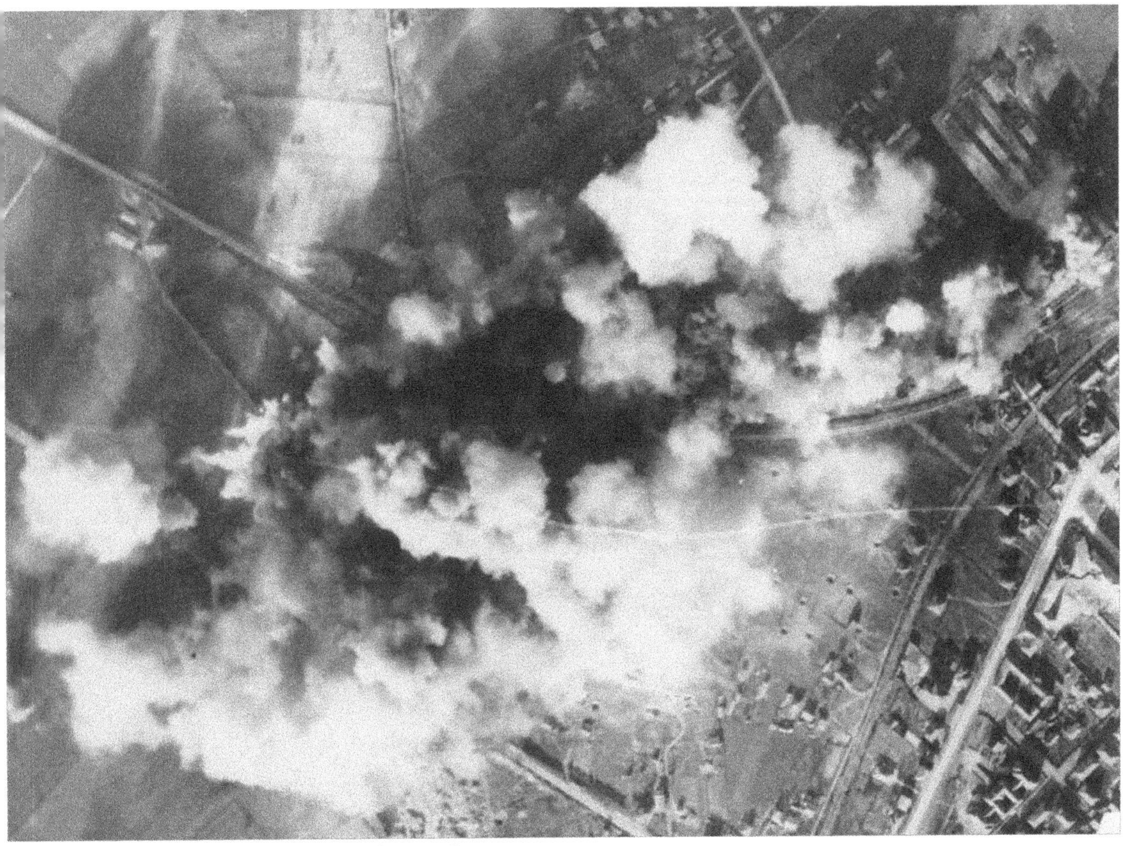

▲ Avezzano avvolta dal fumo delle esplosioni durante un attacco aereo.

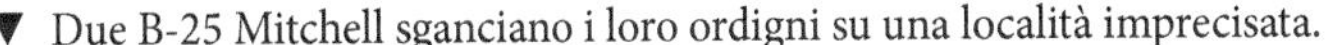

▼ Due B-25 Mitchell sganciano i loro ordigni su una località imprecisata.

▲ Dei mezzi corazzati tedeschi trasportati su un treno vengono fotografati da un ricognitore americano nei pressi di Pescara.

▼ Soldati americani stanno ispezionando alcuni mezzi distrutti a bordo strada nei pressi di Roma.

▲ Mezzi americani attraversano la città di Viterbo distrutta dai bombardamenti.

▼ Cassino ricoperta dalle esplosioni.

▲ Immagine scattata a bassa quota sul porto di Ancona. La nave in basso a destra affondata su un fianco è l'incrociatore Ottaviano Augusto, affondato nel bombardamento del 1° novembre 1943. La nave bruciata in banchina è invece la Regia Nave Savoia.

▼ Gli Alleati attraversano la città di Arezzo.

▲ La stazione ferroviaria di Arezzo danneggiata dai bombardamenti.

▼ L'area industriale di Livorno completamente distrutta dai bombardamenti.

▲ La città di Livorno vista dalla prospettiva del porto. Da notare le numerose imbarcazioni affondate e le infrastrutture portuali completamente distrutte.

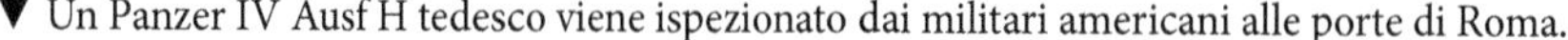

▼ Un Panzer IV Ausf H tedesco viene ispezionato dai militari americani alle porte di Roma.

BIBLIOGRAFIA

- Alberti Agostino, Annoni Matteo, Da Cassino alla linea gotica. Le operazioni alleate sull'Italia. 12 maggio-24 agosto 1944 Roma, IBN, 2017.
- Alberti Agostino, Merli Luca, Ali stellate sul Lazio. Il Lazio nel mirino della Twelfth Air Force dell'USAAF. Le operazioni tattiche del maggio 1944, Roma, IBN, 2021.
- Alberti Agostino, Merli Luca, Bombe sulla Linea Gustav. Le operazioni della Twelfth Air Force sull'Italia. Gennaio-aprile 1944, Roma, IBN, 2020.
- Alberti Agostino, Merli Luca, La Fifteenth Air Force dell'USAAF in azione sull'Italia. Gennaio-aprile 1944, Roma, IBN, 2020.
- Brookes Andrew, Air war over Italy, London, Ian Allan, 2000.
- Craven Wesley Frank, Cate James Lea, The Army Air Force in World War II vol. II, Chicago, University of Chicago Press, 1965.
- Craven Wesley Frank, Cate James Lea, The Army Air Force in World War II vol. III, Chicago, University of Chicago Press, 1965.
- Cristini Luca Stefano, La battaglia di Anzio – L'Operazione "Shingle" gennaio 1944, Zanica (BG), Soldiershop, 2019.
- D'Este Carlo, 1943. Lo sbarco in Sicilia, Milano, Mondadori, 1990.
- D'Este Carlo, Anzio e la battaglia per Roma, Gorizia, LEG, 2020.
- De Simone Cesare, Venti Angeli sopra Roma, Milano, Mursia, 1993.
- Duma Antonio, Quelli del Cavallino Rampante - Storia del 4° Stormo Caccia, Roma, Aeronautica Militare, 2007.
- Eduard Mark, Center for Air Force History, Aerial Interdiction: Air Power and the Land Battle in Three American Wars, Washington D.C.,1994.
- Fagone Salvo, Ricognitori su Husky. Il ruolo cruciale della ricognizione aerea e dell'Intelligence Ultra sulla Sicilia e sul Mediterraneo, Youcanprint, 2020.
- Fagone Salvo, Road to Rome – Scatti e memorie di un rhodesiano nella RAF, Zanica (BG), Soldiershop, 2021.
- Freeman Roger A., Osborne David, The B-17 Flying Fortress Story, London, Arms & Armour Press, 1998.
- Gillies Peter S., Major, Sicily. Analysis of a combined operations battle, Air Command and Staff College Air University Maxwell, USA, 1984.
- Goss Chris, Heinkel He 111: The Early Years - Fall of France, Battle of Britain and the Blitz, Barnsley, Frontline Books, 2016.
- Gribaudi Gabriella, Guerra totale. Tra bombe alleate e violenze naziste. Napoli e il fronte meridionale 1940-1944, Torino, Bollati Boringhieri, 2005,
- Halley James J., Squadrons of the Royal Air Force, UK, Air Britain Historians Ltd, 1985.

- Hamilton Nigel, Monty: Master of the Battlefield, 1942-1944, Milano, McGraw-Hill, 1984.
- Hammel Eric, Air War Europa. America's air war against Germany in Europe and North Africa. Chronology 1942-1945, California, Pacifica Press, 1994.
- Lottici Mauro, Marzilli Marco, Cassino. Immagini di una vittoria amara. Ediz. Illustrate, Youcanprint, 2019.
- Mattesini Francesco, Bari 1943: la seconda Pearl Harbor, Zanica (BG), Soldiershop, 2020.
- Mitchelhill-green David, Air War over North Africa: USAAF Ascendant, Rare Photographs From Wartime Archives, Barnsley, Pen & Sword, 2019.
- Molony C. J. C., The Mediterranean and Middle East Volume V: The Campaign in Sicily 1943 and the campaign in Italy 3rd September 1943 to 31st March 1944, London, H.M.S.O, 1973.
- Pace Steve, B-25 Mitchell Units of the MTO, Oxford, Osprey Publishing, 2002.
- Patricelli Marco, L'Italia sotto le bombe, Roma, Laterza editori, 2007.
- Pedriali Ferdinando, L'Italia nella guerra aerea - Da El Alamein alle spiagge della Sicilia, Roma, Aeronautica Militare, Ufficio storico, 2010.
- Pedriali Ferdinando, L'Italia nella guerra aerea – Dalla difesa della Sicilia all'8 settembre, Roma, Aeronautica Militare, Ufficio storico, 2014.
- Plumari Angelo, Operazione Husky. La Guerra nell'entroterra ennese, Regalbuto (EN), Euno Edizioni, 2019.
- Ragatzu Alessandro, Luftwaffe in Sardegna, Cagliari, Alisea Edizioni, 2010.
- Rust Kenn C., Twelfh Air Force story in World War II, Londra, Hersant, 1967.
- Santoni Alberto, Mattesini Francesco, La partecipazione tedesca alla guerra aeronavale nel Mediterraneo (1940-1945), Parma, Albertelli edizioni speciali, 2005.
- Shores Christopher, Massimello Giovanni, A History of the Mediterranean Air War 1940-1945: Tunisia and the End in Africa, November 1942-1943: Volume Three: Tunisia and the end in Africa, November 1942 - May 1943, London, Grub Street Publishing, 2016.
- Shores Christopher, Massimello Giovanni, A History of the Mediterranean Air War, 1940-1945 Volume 4: Sicily and Italy to the fall of Rome 14 May, 1943 - 5 June, 1944, London, Grub Street Publishing, 2018.
- Styling Mark, B-26 Marauder Units of the MTO, Oxford, Osprey Publishing, 2008.
- Versolato Giuseppe, Bombardamenti aerei degli alleati nel vicentino. 1943-1945, Vicenza, Gino Rosato Editore, 2005.

TITOLI GIÀ PUBBLICATI
TITLES ALREADY PUBLISHING

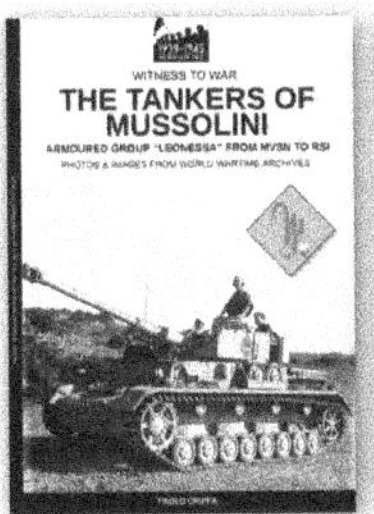

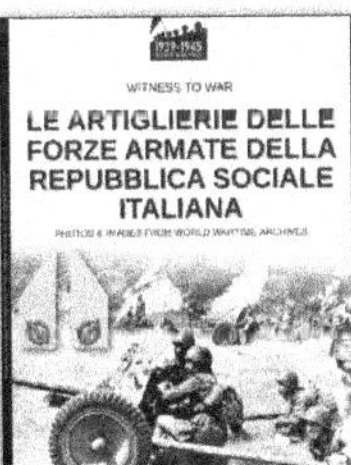

BOOKS TO COLLECT

www.ingramcontent.com/pod-product-compliance
Ingram Content Group UK Ltd.
Pitfield, Milton Keynes, MK11 3LW, UK
UKHW061827190726
13853UKWH00009B/2483